Discovery EDUCATION

맛있는 과학

디스커버리 에듀케이션
맛있는 과학-29 공룡과 화석

1판 1쇄 발행 | 2012. 3. 9.
1판 4쇄 발행 | 2018. 3. 11.

발행처 김영사
발행인 고세규
등록번호 제 406-2003-036호
등록일자 1979. 5. 17.
주 소 경기도 파주시 문발로 197(우10881)
전 화 마케팅부 031-955-3102 편집부 031-955-3113~20
팩 스 031-955-3111

값은 표지에 있습니다.
ISBN 978-89-349-5478-1 64400
ISBN 978-89-349-5254-1 (세트)

좋은 독자가 좋은 책을 만듭니다. 김영사는 독자 여러분의 의견에 항상 귀 기울이고 있습니다.
독자의견전화 031-955-3139 | 전자우편 book@gimmyoung.com | 홈페이지 www.gimmyoungjr.com
어린이들의 책놀이터 cafe.naver.com/gimmyoungjr | 드림365 cafe.naver.com/dreem365

어린이제품 안전특별법에 의한 표시사항
제품명 도서 **제조년월일** 2018년 3월 11일 **제조사명** 김영사 **주소** 10881 경기도 파주시 문발로 197
전화번호 031-955-3100 **제조국명** 대한민국 ⚠**주의** 책 모서리에 찍히거나 책장에 베이지 않게 조심하세요.

최고의 어린이 과학 콘텐츠

디스커버리 에듀케이션 정식 계약판!

Discovery EDUCATION

맛있는 과학

29 | 공룡과 화석

정효진 글 | 최승협 그림 | 류지윤 외 감수

주니어김영사

차례

1. 지질 시대

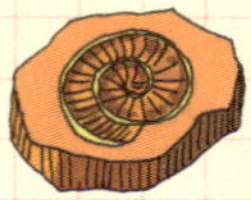

2. 화석의 비밀

3. 공룡의 시대

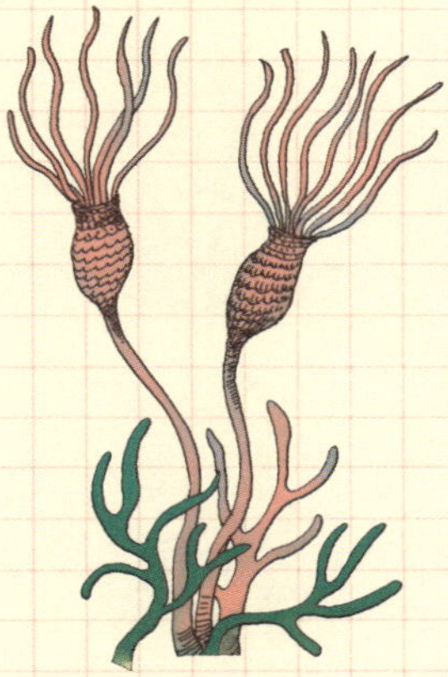

4. 우리나라에서 발견되는 화석

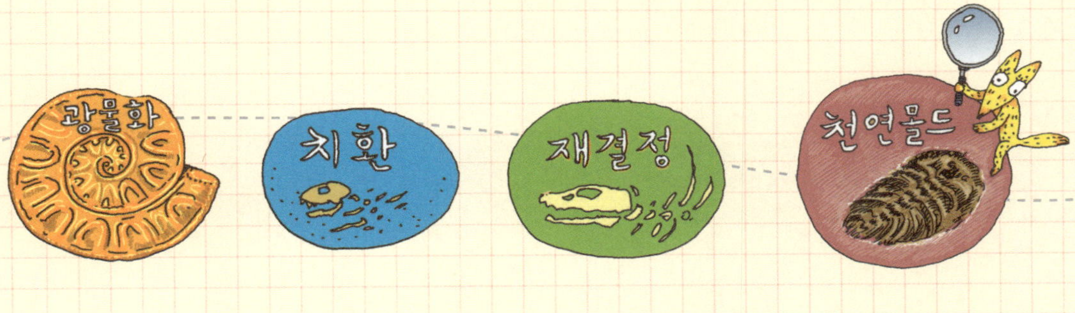

관련 교과

초등 4학년 2학기 2. 지층과 화석

중학교 1학년 8. 판 구조론과 지각 변동

1. 지질 시대

우리는 항상 땅을 밟고 삽니다. 또 바닷가에 가면 끝없이 펼쳐진 푸른 바다를 볼 수 있습니다. 이렇게 우리 주변에 있는 땅과 바다는 어떻게 만들어졌을까요? 그리고 지구는 어떻게 탄생했을까요? 지구가 처음 만들어졌을 때부터 땅과 바다가 존재하고, 동물과 식물들이 살았을까요? 지금부터 이러한 질문들에 대한 답을 알아봅시다.

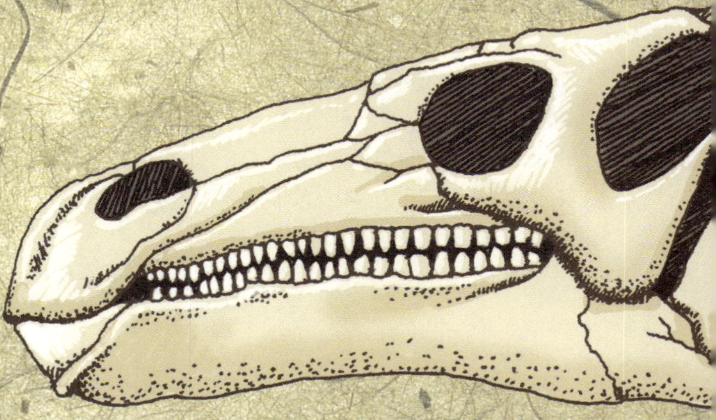

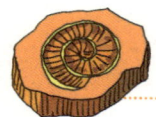

지질 시대는 여러 시기로 나눌 수 있어요

우리가 살고 있는 지구는 지금으로부터 약 45억 년 전에 행성들이 충돌하며 생긴 물질이 뭉치면서 만들어졌다는 학설이 있습니다. 손뼉을 치면 손바닥이 뜨거워지듯이 물체는 충돌할 때 열을 냅니다. 45억 년 전 행성과 운석들이 충돌할 때도 열이 발생했습니다. 이때 발생한 열 때문에 지구 표면은 온도가 높았지요. 또 대기가 지구를 둘러싸고 있어서 지구의 열이 지구 밖으로 빠져나갈 수도 없었습니다. 결국 지구 표면의 물질은 높은 열을 견디지 못하고 녹았어요. 지구 표면의 물질이 녹아서 뜨거운 마그마로 뒤덮였기 때문에 지구에는 어떤 생명체도 살지 못했습니다. 그때는 지금 우리가 밟고 있는 땅도 없었지요.

오랜 시간이 흐르자 운석들의 충돌 횟수가 점차 줄어들고, 마그마가 조금씩 식었습니다. 마그마가 식으면서 공기 속 수증기가 물방울로 변했지요. 이렇게 물방울로 변한 수증기가 구름을 만들었고, 하늘을 뒤덮은 두꺼운 구름에서 비가 내리기 시작했습니다.

한여름에 소나기가 내린 후에 시원해지는 느낌을 받은 적이 있나요? 이와 마찬가지로 비가 내리자

마그마

땅속 깊은 곳에서 열에 녹아 반 액체로 된 물질을 말합니다. 마그마가 식어서 굳어져 생긴 암석이 화성암이고, 땅 위로 분출하여 굳어서 만들어진 지형이 화산이에요. 마그마가 액체 상태로 땅 위로 분출하면 용암이 됩니다.

마그마가 식으면서 단단하게 굳어졌습니다. 그래서 지각이 만들어지게 되었지요. 이렇게 만들어진 지표면이 식으면서 공기 속 수증기는 또다시 물방울로 바뀌었고 비는 더욱 많이 내렸습니다. 많은 비를 맞으면서 땅은 계속 식어 갔어요. 비가 내리고, 땅이 식고, 더 많은 비가 내리는 일은 아주 오랫동안 반복적으로 일어났습니다.

지각

지구의 표면을 둘러싸고 있는 부분입니다. 지구의 내부 구조를 층으로 구분했을 때 가장 바깥쪽에 있는 면이지요. 흙과 암석으로 이루어져 있습니다. 대륙 지역의 지각 두께는 평균 35km이고, 대양 지역은 5~10km입니다.

그렇게 오랫동안 내린 많은 양의 비가 고여서 바다가 만들어졌습니다. 지구의 표면 온도는 계속해서 내려가서 현재의 온도

진화

생물이 만들어진 이후부터 점차 변하는 현상을 말합니다. 생물은 태어나서 자손을 낳는 과정을 반복하는 사이에 환경에 적응하며 변화합니다. 보통 구조나 기능이 간단한 수준에서 복잡하게 발전하며 생물의 종류도 더 세분화됩니다.

와 비슷해지고, 지구의 급격한 환경 변화도 차츰 줄어들었습니다.

지금까지 지구에 어떻게 땅과 바다가 생겼는지 알아보았습니다. 그런데 땅은 언제 생겼을까요? 현재까지 지구에서 발견된 암석 가운데 가장 오래된 암석은 38억 년 전에 만들어진 것입니다. 그 이전에 만들어진 암석은 아직까지 발견되지 않았어요. 좁은 의미의 지질 시대는 가장 오래된 암석이 만들어진 약 38억 년 전부터 인류가 지구에 나타난 약 1만 년 전까지의 시기를 말합니다. 지질 시대를 그보다 큰 의미로 정의할 때는 약 38억 년 전부터 현재까지라고 하고, 가장 큰 의미로 말할 때는 지구가 탄생한 뒤부터 현재까지라고 합니다. 최초에 지각이 만들어진 후 38억 년이 지나는 동안 지구에는 많은 변화가 생겼습니다. 지각뿐만 아니라 바다와 공기의 성분도 변했고, 지구에 사는 생물들도 점차 진화했지요.

지질 시대는 암석 속에 나타나는 다양한 특징에 따라 여러 단위로 나눌 수 있습니다. 가장 큰 단위인 누대에서 대, 기, 세, 절, 크론이라는 작은 단위로 나뉘지요. 우리가 자주 들어보았던 고생대, 중생대, 신생대는 '대' 에 속하는 시기입니다. 누대는 화석이 발견되느냐 안 되느냐에 따라서 은생누대와 현생누대로 나눌 수 있습니다. 은생누대는 다른 말로 '선캄브리아대' 라고도 합니다. 선캄브리아대라고 하면 '대' 라고 생각하기 쉽지만 사실은 '누대' 에 속하는 말이지요. 선캄브리아대와 같은 말인 은생누대는 원생누대, 시생누대, 명왕누대로 나눌 수 있지만 만들어진 화석을 구분하기 쉽지 않기 때문에 그냥 합쳐서 은생누대라고 부릅니다.

은생누대의 지층에는 화석이 거의 없습니다. 은생누대의 말기를 제외하고는 동물 화석을 찾아볼 수 없지요. 현생누대에는 다양한 화석을 볼 수 있습니다. 현생누대의 가장 오래된 지층에서도 여러 종의 동물 화석이 발견되기 때문에 화석의 종류와 양이 현생누대와 은생누대를 구분하는 기준이 되기도 합니다. 또 현생누대의 각 지층들은 시대를 구분할 수 있는 특정한 화석들이 있어서 현생누대의 지질 시대를 더 작은 단위로 나눌 수 있습니다. 다음 표를 보면 한눈에 지질 시대를 구분할 수 있어요.

화석

지질 시대에 살았던 동식물의 유해와 활동 흔적 등이 땅에 묻히거나 땅 위에 그대로 남아 있는 것을 통틀어 이르는 말입니다. 생물의 진화 과정을 알 수 있으며 화석이 발견된 지질 시대의 지표 상태를 아는 데에 큰 도움이 됩니다.

■ 지질 시대의 구분

누대	대	기	세	연대(백만년)	고생물
은생누대 (선캄브리아대)	시생대			38억 년 전~25억 년 전	단세포 생물
	원생대			25억 년 전~5억 4,000만 년 전	연질 무척추 동물, 해조류
현생누대	고생대	캄브리아기		5억 4,000만 년 전~4억 9,000만 년	삼엽충 출현, 무척추동물 번성
		오르도비스기		4억 9,000만 년 전~4억 4,000만 년	필석류 번성, 갑주어 등장
		실루리아기		4억 4,300만 년 전~4억 1,600만 년 전	육상식물 및 페어류 출현
		데본기		4억 1,600만 년 전~3억 5,900만 년 전	양서류 출현
		석탄기		3억 5,900만 년 전~2억 9,900만 년 전	파충류, 대형 곤충류, 양서류
		페름기		2억 9,900만 년 전~ 2억 5,100만 년 전	포유류와 유사한 파충류 및 겉씨식물 등장
	중생대	트라이아스기		2억 5,000만 년 전~2억 년 전	공룡 출현
		쥐라기		2억 년 전~1억 4,500만 년 전	암모나이트, 공룡, 시조새, 겉씨식물
		백악기		1억 4,500만 년 전~6,500만 년 전	단세포생물
	신생대	고제3기	팔레오세	6,500만 년 전~5,600만 년 전	속씨식물 등장, 공룡 절정
			에오세	5,600만 년 전~3,400만 년 전	말, 무소, 낙타의 선조 출현
			올리고세	3,400만 년 전~2,300만 년 전	코끼리 출현
		신제3기	마이오세	2,300만 년 전~530만 년 전	초식성 포유류 번성·발전
			플라이오세	530만 년 전~260만 년 전	인류의 조상 출현
		신제4기	홍적세	260만 년 전~1만 년 전	현생인류의 출현
			충적세	1만 년 전~현대	

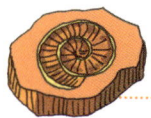

선캄브리아대에는 화석이 드물어요

선캄브리아대는 약 38억 년 전에서부터 5억 4,000만 년 전까지 약 32억 년간 지속된 시대입니다. 고생대의 캄브리아기 이전까지를 나타내는 시대여서 캄브리아기의 앞 시대라는 뜻으로 '선캄브리아대' 라는 이름이 붙었습니다. 지질 시대 가운데 가장 오래된 시대이며 지질 시대의 대부분을 차지

남조류

단세포식물로 핵막이 없고, 뿌리, 줄기, 잎이 구별되지 않습니다. 엽록체를 가지고 있어 광합성을 하지요. 꽃으로 번식하지 않고 하나의 세포가 둘로 갈라지는 생식 방법으로 번식합니다.

하는 시대입니다. 선캄브리아대는 지층에서 화석이 아주 드물어서 은생누대라고 부르기도 합니다.

선캄브리아대는 시생대와 원생대로 구분할 수 있습니다. 선캄브리아대의 전반인 38억 년 전부터 25억 년 전까지를 '생물이 시작된 시대'라는 뜻으로 시생대라고 하고, 그 이후 선캄브리아대 후반에 속하는 25억 년 전부터 5억 4,000만 년 전까지의 시대를 원생대라고 합니다.

선캄브리아대의 암석 가운데 가장 오래된 것은 그린란드 남서부에서 발견된 암석입니다. 이 암석은 나이가 38억 5,000만 년으로 측정되었습니다. 선캄브리아대는 아주 오래전의 시기이기 때문에 보존되기 쉬운 종류의 화석이 발견되고 있습니다. 주로 박테리아, 남조류 등의 하등식물 화석이 발견되었지요. 남조류의 흔적을 발견할 수 있는 암석을 '스트로마톨라이트'

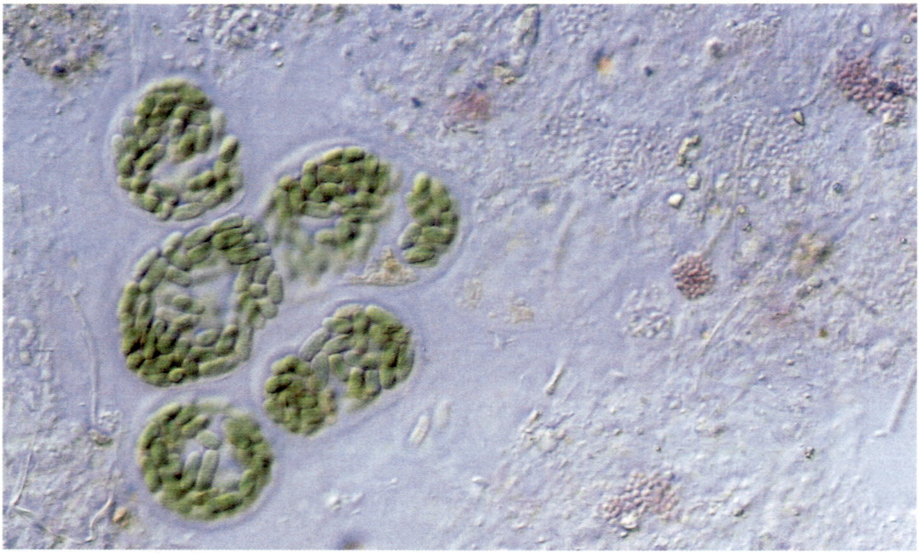

남조류는 선캄브리아대의 암석에서 화석으로 발견된다.

스트로마톨라이트에서는 남조류의 흔적을 발견할 수 있다. Rygel, M.C.@the Wikimedia Commons

라고 합니다. 스트로마톨라이트에 있는 줄무늬에서는 남조류로 추정되는 생물의 광합성 흔적을 발견할 수 있습니다. 스트로마톨라이트와 여러 화석의 발견으로 선캄브리아 시대에는 빙하 퇴적층이 많았다는 사실이 밝혀졌습니다. 이러한 사실은 지구에 빙하 시대가 있었음을 보여 주는 증거입니다.

선캄브리아대의 대기 성분에는 산소가 거의 없어서 동물이 살기에 적합한 환경이 아니었습니다. 그래서 지구 최초의 동물은 하등식물이 출현한 후 많은 시간이 지난 약 12억 년 전에 출현했습니다. 이즈음에 절지동물, 강장동물, 환형동물 등의 화석이 발견되었지요.

절지동물

동물 중에 가장 많은 종을 포함하는 종류입니다. 대개 몸이 작고 좌우 대칭이며 겉껍데기가 딱딱하지요. 곤충류, 거미류, 게·새우류, 지네류가 있습니다.

강장동물

물에 사는 다세포동물입니다. 진화가 덜 되어 구조가 간단하며, 대부분이 바다에 살고 있습니다.

환형동물

고리 모양의 마디를 가진 무척추동물을 말합니다. 지렁이류와 갯지렁이류·거머리류 등이 있습니다.

TIP 요건 몰랐지?

선캄브리아대의 화석

선캄브리아대의 지질에서 발견된 화강암.

선캄브리아대에 만들어진 화석은 거의 없습니다. 그 이유는 무엇일까요?

화석이 만들어지기 위해서는 생물의 단단한 부분이 필요합니다. 생물의 껍데기나 뼈 같은 부분이 있어야 하지요. 그러나 선캄브리아대에는 몸이 섬유와 같은 물질로만 이루어진 원시 생물만 살았습니다. 그래서 생물이 죽은 뒤에 생물의 몸이 보존되기 어려웠지요.

또 선캄브리아대는 생물체들이 처음 나타나기 시작한 시기이기 때문에 생물의 수가 매우 적었습니다. 생물의 개체 수가 적었기 때문에 화석으로 남는 생물도 적을 수밖에 없었지요.

이뿐만이 아닙니다. 오랜 세월 동안 지구에는 많은 지각 변동이 있었습니다. 선캄브리아대는 지질 시대 중에서 가장 오래된 시기입니다. 화석이 만들어졌더라도 지각 변동이 일어나 사라졌을 수 있지요.

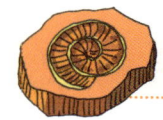

생물체가 번성하기 시작한 고생대

지질 시대의 현생누대는 동물 화석의 변천에 의해서 고생대, 중생대, 신생대로 나눌 수 있습니다.

고생대는 지금으로부터 5억 4,000만 년 전부터 2억 5,000만 년 전까지의 시대를 말합니다. 고생대에는 기후가 온난해지면서 갑자기 많은 종류의 생물이 출현했습니다. 등뼈가 없는 무척추동물이 폭발적으로 증가했지요.

고생대는 캄브리아기, 오르도비스기, 실루리아기, 데본기, 석탄기, 페름기로 나뉘고, 다시 전기 고생대(캄브리아기~오르도비스기), 중기 고생대(실루리아기~데본기), 후기 고생대(석탄기~페름기)로 묶을 수 있습니다.

캄브리아기

고생대의 캄브리아기는 영국 웨일스 지방의 캄브리아 산지에서 유래한 이름입니다. 캄브리아 산지에서 이 시기의 전형적인 지층을 발견할 수 있었기 때문에 붙여진 이름이지요. 캄브리아기는 약 5억 4,000만 년 전에서 4억 9,000만 년 전까지의 대략 5,000만 년간을 말합니다. 이 시기에는 선캄브리아대와는 다른 뚜렷한 변화가 나타났습니다. 여러 종류의 무척추동물의 출현이 가장 큰 변화였지요.

캄브리아기 지층에서는 선캄브리아대의 지층에서는 볼 수 없었던 유공

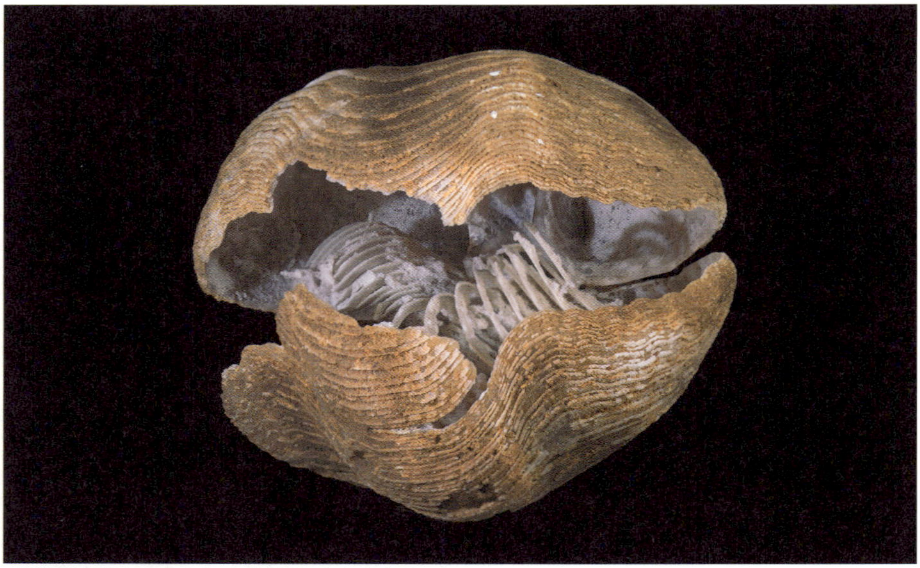

완족류는 캄브리아기 초기에 처음 나타났다. © Didier Descouens@the Wikimedia Commons

충, 방산충, 해면동물, 해파리, 바다나리, 완족류, 고둥, 앵무조개, 삼엽충, 필석류 등의 동물 화석이 다량으로 발견되었습니다. 캄브리아기에 나타난 생물은 대개 따뜻하고 얕은 바다에서 살아가기에 적합했어요. 그리고 대부분 단단한 껍데기나 골격을 가지고 있었지요.

삼엽충 화석은 고생대의 대표적인 동물 화석이다.

삼엽충은 가장 대표적인 생물입니다. 캄브리아기 지층에서 발견되는 약 1,500종의 동물 중에서 53%를 차지합니다. 삼엽충은 절지동물로 몸이 타원형으로 납작합니다. 삼엽충

중에 몸길이가 가장 작은 것은 1㎜이며 큰 것은 70㎝ 정도입니다. 종류가 다양한 만큼 그 크기도 천차만별이지요. 등은 단단한 딱지로 되어 있고 가슴 쪽 마디의 양쪽에 다리가 있습니다. 고생대의 캄브리아기에서 페름기에 걸쳐 얕은 바다나 바다 밑의 진흙 등에서 살았지요.

캄브리아기에는 이렇게 척추동물을 제외한 거의 모든 동물이 매우 급작스럽게 나타났습니다. 그래서 이런 현상을 '캄브리아기의 대폭발'이라고 합니다.

찰스 랩워스

영국의 지질학자입니다. 필석류 화석을 지층이 쌓인 순서를 결정하는 데에 이용했지요. 북서 스코틀랜드의 복잡한 지질구조를 밝히고 1879년에 고생대의 두 번째로 오래된 지질 시대를 오르도비스기라고 이름 붙였습니다.

오르도비스기

오르도비스기는 약 4억 9,000만 년에서 4억 4,000만 년 전에 해당하는 시기입니다. 영국의 지질학자인 찰스 랩워스가 웨일스 지방에 살았던 오르도비스라는 부족의 이름을 따서 이름 붙였습니다. 오르도비스기에는 지구의 북반구 대부분이 해양으로 이루어져 있고, 남반구는 대륙들이 모여 거대한 곤드와나 대륙이 만들어졌다고 추측됩니다. 초기에는 기후가 따뜻해서 적도 지방 근처에 산호초가 넓게 형성되어 있었습니다. 그런데 오르도비스기 후기로 갈수록 곤드와나 대륙은 남극 쪽으로 이동하게 되었습니다. 그에 따라 남극 쪽에 거대한 빙하가 형성되었고, 해수면이 낮아지게 되었지요. 이 때문에 많은 생물들이 멸종했습니다.

오르도비스기 지층이 발견된 화석 산.

오르도비스기의 생물은 캄브리아기와 큰 차이가 없습니다. 삼엽충과 완족류가 대부분을 차지하고 원시 어류, 두족류, 복족류, 산호와 해백합 등이 번성했지요. 원시 어류의 화석이 발견된 것으로 보아 오르도비스기에는 최초로 척추동물이 출현했다고 추측할 수 있습니다. 또한 오르도비스기에는 원시적인 육상식물이 나타났습니다. 육상식물의 출현은 지금까지 바다에서만 살아가던 생명체가 새로운 서식지인 육지를 발견하고 서식지를 점차 바다에서 육지로 이동했다는 사실을 보여 줍니다.

실루리아기

실루리아기는 4억 4,300만 년에서 4억 1,600만 년 전의 시기로 지구가 상당히 큰 변화를 겪은 때입니다. 지구의 기후는 상대적으로 안정되었고 거대한 빙하가 녹아서 바다의 해수면이 상승했습니다. 산호, 해백합, 완족류가 크게 번성했고 오르도비스기에 나타났던 바다전갈이 크게 번성했지요. 어류는 상당히 많이 진화가 되었습니다. 턱이 발달하지 않은 무악어류

턱이 발달하지 않은 무악어류의 화석.
ⓒ Ghedoghedo@the Wikimedia Commons

관다발식물

몸 속에 관을 가지고 있는 식물을 말합니다. 관다발은 식물이 살아가는 데 필요한 물과 양분의 이동 통로입니다. 식물 중에 녹색식물만 관다발이 발달되어 있으므로 관다발식물은 녹조류에서 진화한 식물군입니다.

절지동물

일반적으로 몸이 작고 좌우로 대칭이 되는 동물입니다. 머리, 가슴 배 등 마디가 있고 각 마디에 관절이 있는 부속지가 있습니다. 겉껍질은 딱딱하여 하나의 골격을 이룹니다.

는 넓은 지역에 분포했으며, 턱을 가진 어류와 민물고기가 나타났습니다. 관다발식물이 물속에서 뭍으로 올라온 데 이어 거미 같은 절지동물도 땅에 보금자리를 넓히게 되었습니다.

데본기

데본기는 흔히 어류의 시대라고 할 정도로 어류가 크게 번성한 시기입니다. 완족류, 해백합, 극피동물, 판상산호 등이 번성했지요. 산호 화석을 조사한 결과 데본기의 하루는 지금보다 짧은 스물두 시간이었으며 1년은 약 400일이었다고 추정됩니다.

데본기 초기에는 식물 중 가장 큰 종이 1m 정도의 크기였습니다. 하지만 차츰 나무가 생기면서 숲을 형성하게 되었지요. 데본기 말에는 양치류, 속새류, 종자식물이 등이 나타났습니다.

그리고 어류 중 일부는 진화하여 다리가 생겨서 땅으로 올라오게 되었습니다. 지구에 양서류가 나타난 것이지요. 또한 곤충, 거미, 갑각류 등의 절지동물이 처음으로 육지에 나타나기 시작했습니다.

석탄기

석탄기는 3억 5,900만 년에서 2억 9,900만 년 전의 기간입니다. 석탄기는 영국의 석탄기 지층에서 석탄이 풍부하게 나와서 붙여진 이름이에요. 석탄 퇴적물은 전 세계에서 거의 비슷하게 발견되지만, 미국의 석탄기 지

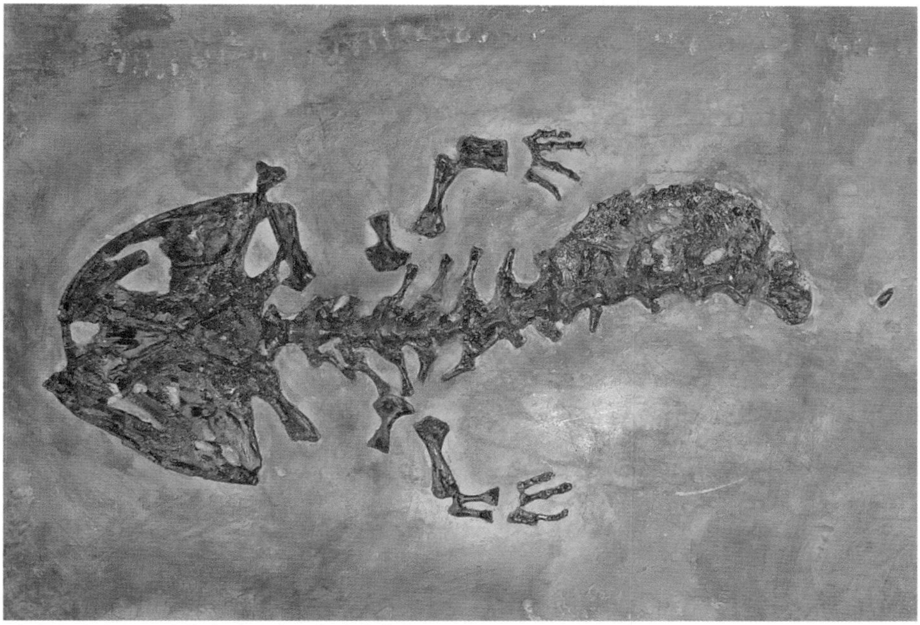

양서류 화석은 고생대의 데본기부터 나타난다. ©H. Zell@the Wikimedia Commons.

층은 다른 곳과는 조금 다릅니다. 상부 지층에는 석탄이 있지만 하부 지층은 대부분 석회암으로 구성되어 있어요. 그래서 주로 석회암으로 구성된 하부 지층을 미시시피기(전기 석탄기), 석탄층을 포함한 상부 지층을 펜실베이니아기(후기 석탄기)로 나누어 부릅니다.

양막류 알의 출현은 석탄기의 중요한 특징입니다. 양막류는 두 겹으로 이루어진 알을 낳는 동물들을 일컫는 말입니다. 양서류의 알은 하나의 껍데기로 이루어져 있기 때문에 물 밖에 드러나면 알의 표면이 마르게 됩니다. 알의 표면이 마르면 새끼가 태어날 수 없습니다. 양서류가 육상 생활을 하지만 완전히 물가를 떠나서 살 수는 없는 이유가 바로 이 때문입니다. 하지만 달걀 같은 새의 알이나 파충류의 알은 두 개의 막으로 이루어져 있어서 물속이 아닌 육지에서도 번식이 가능합니다. 석탄기에 이렇게 두 개의

막으로 된 알이 나타나서 조류, 포유류, 파충류의 조상들이 육지에서도 번식할 수 있게 되었어요.

석탄기에는 날개가 있는 곤충이 생겨나 번성했습니다. 또한 나무가 울창해지면서 거대한 숲이 형성되어 공기 중에 산소가 많아졌어요. 데본기에 처음 나타난 양서류는 석탄기를 '양서류의 시대' 라고 할 정도로 많이 퍼졌습니

페름기 전기에 살았던 대형 육식 양서류, 에리옵스의 화석.

다. 양막류인 파충류의 선조가 생겨나 중생대를 '파충류의 시대'로 번성하게 할 준비도 되었지요. 데본기에 이미 줄기 시작한 삼엽충은 더욱 줄어들었고 가시가 돋친 완족류가 출현했습니다.

페름기

페름기는 2억 9,900만 년에서 2억 5,000만 년 전의 시기로서, 고생대의 마지막 기입니다. 1841년에 영국의 지질학자 로더릭 머치슨이 러시아 우랄 산맥의 서쪽 지역에 있는 페름 시의 이름을 따서 붙였지요. 이 시기는 삼엽충과 사방산호를 비롯한 여러 고생대의 생물들이 많이 멸종했고 중생대의 생물들이 나타나기 시작했습니다.

공룡이 등장한 중생대

중생대

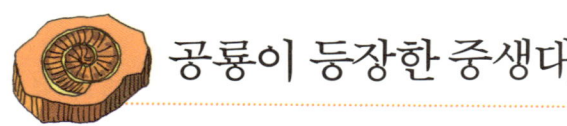

중생대는 약 2억 5,000만 년 전부터 약 6,500만 년 전까지의 1억 8,500만 년 동안을 차지하는 시기입니다. 화석이 많이 발견되는 시기이기도 하지요. 중생대는 트라이아스기, 쥐라기, 백악기로 나눌 수 있습니다. 이러한

중생대는
공룡이 세상을
지배했지.
나처럼
아름다운 꽃이 있는
속씨식물도 처음
나타났어.

이름은 그 시대를 대표하는 지층이 있는 지역의 이름을 따서 지어지기도 하고, 지층 자체의 특징에 따라 붙여지기도 합니다.

중생대는 대형 파충류와 공룡이 세상을 지배했습니다. 공룡들이 많이 살아서 중생대를 '공룡의 시대'라고 부르기도 하지요. 또한 새와 포유류가 나타나 발달했으며 꽃피는 식물이 처음으로 나타났습니다.

트라이아스기

트라이아스기는 2억 5,000만 년 전에서 2억 년 전까지 약 5,000만 년 동안의 시기를 말합니다. 삼첩기라고도 부르지요. 트라이아스라는 이름에서 '트라이'는 숫자 '3'을 뜻합니다. 독일에 있는 트라이아스기에 쌓인 지층이 세 개의 층으로 뚜렷이 구분되어서 이러한 이름이 붙여지게 되었습니다.

트라이아스기에는 기후가 건조했습니다. 고사리 같은 양치식물들이 물가에서 자랐고, 파충류와 암모나이트가 번성했지요. 또 머리 길이만 1m에 달하는 양서류도 있었습니다. 석탄기에 생겨난 파충류는 트라이아스기 말이 되면서 파충류와 포유류로 갈라지기 시작했습니다.

파충류는 트라이아스기에 급속히 발전해 공룡으로 퍼져 나갔습니다. 이때 나타난 공룡은 1~2m 정도 길이의 작은 공룡으로 쥐라기 이후에 나타난 크고 무서운 공룡의 조상이라고 할 수 있습니다. 공룡은 원시 포유류와 움직임이 둔한 파충류에 비해 동작이 빨라서 짧은 시간에 크게 번성할 수 있었습니다. 식물 중에는 겉씨식물인 송백류, 은행류 그리고 소철류 등이 번성했습니다. 그러나 이 시기에는 아직 꽃이 피는 식물이 출현하지 않았습니다.

어룡

어룡은 쥐라기부터 백악기에 걸쳐 바다에서 번성한 동물로 겉모습이 고래와 비슷합니다. 쥐라기에는 몸길이가 3~6m였으나, 백악기에는 12m 이상 커졌습니다. 어룡은 알을 몸속에서 부화시켜 지금의 고래처럼 새끼를 낳았습니다.

익룡

중생대에 하늘을 날아다니며 살았던 파충류입니다. 앞발이 날개로 진화해 하늘을 날 수 있었지요. 쥐라기 초에 출현하여 살다가 백악기에 멸종되었습니다.

쥐라기

공룡이 나오는 영화와 책의 시대 배경으로는 주로 쥐라기가 나옵니다. 쥐라기가 공룡이 가장 번성했던 시기이기 때문이지요. 쥐라기는 트라이아스기 후의 약 2억 년 전부터 약 1억 4,500만 년 전까지의 5,500만 년의 기간입니다. 이 시기의 지층은 알프스 북쪽에 위치한 쥐라 산맥에 많이 분포해 있어서 쥐라기라는 이름이 붙었습니다. 쥐라기에는 이전 트라이아스기에 나타난 공룡과 어룡이 더욱 번성했습니다. 하늘을 나는 익룡까지 나타나 하늘, 육지, 바다가 모두 파충류의 세계가 되었지요. 겉씨식물이 무성해졌고, 속씨식물이 출현했습니다. 또 조류의 가장 오래된 조상으로 추정되는 시조새도 등장했습니다.

백악기

백악기는 쥐라기 후, 약 1억 4,500만 년 전부터 약 6,500만 년 전까지의 8,000만 년 동안의 시대입니다. 이 시대에 생긴 유럽의 지층이 흰색이나 누런 빛깔의 부드러운 석회암으로 이루어져 있어서 이 시기를 백악기로 부릅니다. 우리나라의 지층 가운데 경상층군이 백악기에 해당하는 지층입니다.

백악기에는 암모나이트와 트리고니아, 그리고 대형 유공충이 번성했습니다. 공룡도 크게 발전했지만 암모나이트 등 다른 여러 생물과 함께 백악기 말에 멸종했습니다. 백악기의 대표적인 공룡으로는 티라노사우루스가

조류의 조상인 시조새의 모형. ⓒ Ballista@the Wikimedia Commons

있습니다. 지구에 있었던 공룡 중에 가장 강하다고 알려져 있지요.

백악기 후기에는 전기까지 번성한 겉씨식물 대신 속씨식물이 번성하기 시작했습니다. 백악기에 출현한 속씨식물로는 버즘나무, 분꽃나무, 버드나무, 사시나무, 녹나무, 감탕나무, 두릅나무, 생강나무 등이 있습니다.

유공충

석회질이나 규산질의 껍데기가 있는 동물을 말합니다. 껍데기에 있는 작은 구멍에서 실 모양의 돌기를 내밀어 먹이를 먹지요. 유공충은 대부분 1㎜보다 작은 크기이지만 1㎝가 넘는 종류도 있습니다. 주로 바다에서 사는데 바닥을 기어 다니는 종류와 떠다니는 종류가 있습니다.

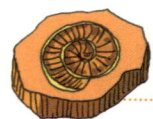

신생대, 포유류의 번성과 인류의 시작

신생대는 지금으로부터 약 6,500만 년 전에서 현재에 이르는 기간을 말합니다. 신생대는 크게 제3기와 제4기 두 시대로 구분됩니다. 제3기는 6,500만 년 전부터 260만 년 전까지이며 제4기는 약 260만 년 전부터 시작되었습니다. 중생대에 번성했던 암모나이트와 공룡은 사라지고 포유류와 조류 등이 번성했습니다. 포유류 중에서 말, 코끼리, 코뿔소 등의 선조가 발전했으며, 영장류에서 인류가 출현했습니다. 식물에서는 속씨식물의 번식이 활발해졌어요.

현재 지구의 바다와 땅의 모습은 신생대 초기에 아시아와 유럽 지역에서 일어난 알프스 조산운동의 결과입니다. 히말라야 산맥과 알프스 산맥을 포함해 지금 지구 상에 있는 큰 산맥의 대부분은 알프스 조산운동으로 만들어졌지요.

제3기

약 6,500만 년 전부터 200만 년 전까지가 신생대 제3기에 해당합니다. 지각을 굳기, 변질도, 구조에 따라서 네 개로 나누었을 때 세 번째 지층이라는 의미로 이름을 붙였지요. 중생대에 번성한 암모나이트와 공룡류가 완전히 사라졌고, 크기가 작던 포유류가 점차 진화하여 커지기 시작했습니다. 속씨식물 중 쌍떡잎식물이 우세하여 떡잎식물 시대이기도 합니다.

기후는 전반적으로 온난했으나 기온이 점차 낮아져 추워지기 시작했습니다. 또 지구 표면을 덮은 약 열 장의 판이 움직이면서 다른 판에 부딪치거나 다른 판 밑으로 들어가는 조산운동에 의해서 지각운동이 심했어요. 특히 판끼리 접촉하는 지대에서는 지진이나 화산 활동이 빈번하게 일어났답니다. 중생대부터 발생한 조산운동에 의해서 알프스 산맥이나 히말라야 산맥처럼 지구 상에 있는 큰 산맥들의 대부분이 형성되었습니다.

제3기는 포유류가 크게 번성하고 생물들의 크기가 매우 커졌습니다. 코끼리, 매머드와 말, 물소, 낙타 등이 번성했지요. 이 시기의 지층 구분은 유공충이나 화폐석에 의해서 결정되었습니다.

■ **조산운동의 과정**

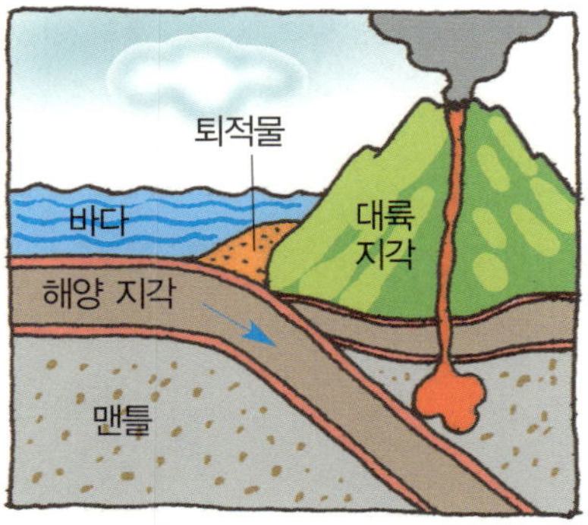

❶ 대륙 주변부의 바다에 퇴적물이 두껍게 쌓여 퇴적층을 이룬다.

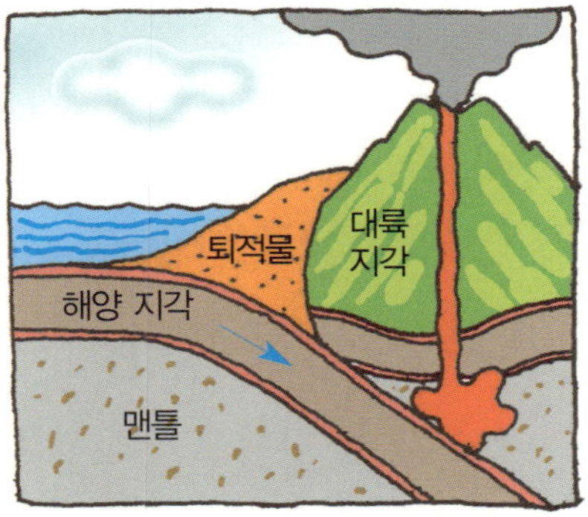

❷ 퇴적층이 오랜 시간 동안 수평 방향으로 힘을 받아 심하게 습곡된다.

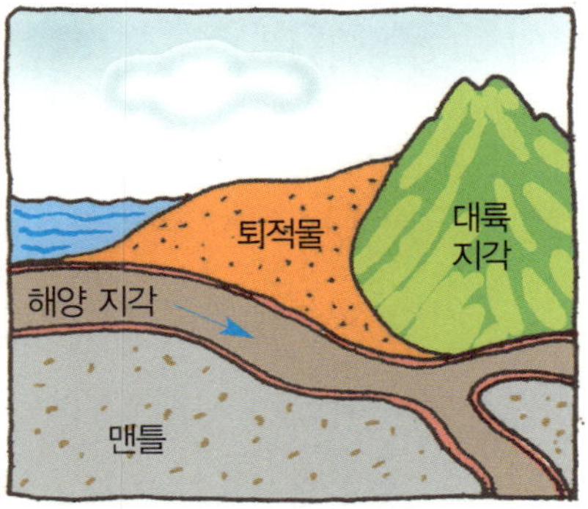

❸ 깊이 침강한 퇴적층이 다시 위로 융기함으로써 높은 습곡 산맥을 형성한다.

화폐석

유공충의 화석을 가리키는 말로, 동전 모양과 비슷하여 화폐석 또는 돈돌이라고 해요. 제3기를 확인하는 표준화석으로 널리 알려져 있으며 한국에서는 아직 이 화석이 발견되지 않았어요.

제3기의 첫번째 '세' 인 팔레오세는 약 6,500만 년 전에 시작하여 5,600만 년 전까지, 지금으로부터 약 900만 년 동안 지속된 지질 시대입니다. 원시 포유류, 고등유공충 등이 나타나기 시작했어요. 한국에서는 이에 해당되는 지층이 발달되지 않았답니다.

에오세는 지금으로부터 약 5,600만 년 전에 시작되어 약 3,400만 년 전까지로 화폐석 화석이 번성했습니다. 기후가 온난하고 습기가 많았기 때문에 산림이 번성하여 많은 석탄층이 퇴적되었습니다. 한국에서도 함경도, 황해도에 이 시대에 만들어진 석탄광이 있어요.

올리고세는 약 3,400만 년 전에서 2,300만 년 전까지 지속된 지질 시대로 전 세계적으로 온난한 기후였습니다. 화폐석(유공충)이 전멸했고 속씨식물이 발달하기 시작했습니다.

제3기의 두 번째 '기' 인 신제3기는 현재 생물과 거의 비슷한 생물이 나타났어요. 특히 포유동물이 많이 번성했습니다.

첫 번째 '세' 인 마이오세는 약 2,300만 년 전에 시작되어 약 530만 년 전까지 계속되었습니다. 포유류인 코끼리·말·코뿔소 등의 조상이 번성했고, 바다에서는 유공충이나 조개류 등이 번성했습니다. 이 지층은 각종 화석이 풍부하게 함유되어 세계적으로 석탄이나 석유를 많이 산출합니다.

마지막 '세' 인 플라이오세는 약 530만 년 전에 시작되어 약 260만 년 전까지 계속되었던 시대입니다. 이 시대는 동물 화석이 풍부해요. 식물 화석이나 포유류에서 말·코끼리·사슴·고래 등의 조상에 해당되는 화석이 많이 나와 생물의 진화를 연구하는 데 도움이 됩니다. 기후는 비교적 온난했으나 말기에는 차차 추워졌지요.

제4기

지질 시대 가운데 현세와 가장 가까운 약 260만 년 전부터 현재까지의 시대를 말합니다. 홍적세와 충적세로 나눌 수 있습니다. 홍적세는 약 260만 년 전에 시작되어 약 1만 년 전에 끝났어요. 제3기 말부터 기온이 점차 내려가기 시작하여 제4기가 시작되면서 본격적인 빙하기가 시작되었습니다. 이때를 대빙하기라고도 합니다. 네 번의 빙하기와 세 번의 온난한 간빙기가 반복되면서 지구 상의 동식물계에 많은 영향을 주었습니다. 충적세는 기후가 춥고 따뜻한 작은 기복을 되풀이하면서 차차 따뜻해졌어요. 최초의 인류가 등장하여 충적세 초기에 농경 생활을 시작했습니다. 현재 지형의 대부분이 이 시기에 만들어졌답니다.

대빙하기가
시작되면서
많은 동물들이
죽게되었어.

Q&A 꼭 알고 넘어가자!

문제 1 선캄브리아기의 지질에서 화석이 거의 발견되지 않는 이유는 무엇일까요?

문제 2 지질 시대를 나누는 기준은 무엇인가요?

3. 트라이아스라는 이름은 숫자 3을 가리키는 라틴어 트라이(tri)를 나타냅니다. 트라이아스기에 쌓인 지층이 세 개의 층으로 뚜렷이 구분되기 때문에 붙은 이름이죠. 우리말로는 삼첩기라고도 합니다.

4. 신생대를 제3기와 제4기로 나누는 것은 이 시기가, 지각을 굳기, 변질도, 구조 등에 따라 네 개로 나누었을 때 세 번째와 네 번째에 해당하기 때문입니다. 물론 현대는 네 번째인 제4기에 속하죠.

문제 3 중생대 트라이아스기는 이름이 낯설고 어렵습니다. 왜 이런 이름을 붙였나요?

문제 4 신생대를 제3기와 제4기로 나누는 이유는 무엇인가요?

정답

1. 선캄브리아대에는 지구의 대기 중에 산소가 거의 없어서 동물이 살기에 적합한 환경이 아니었습니다. 때문에 생명체가 거의 없었고, 있었다 하더라도 주로 박테리아나 남조류 등의 하등 생물만 있었죠. 게다가 화석이 만들어지기 위해서는 생명체의 단단한 부분이 필요한데 이 당시 생명체들은 대부분 몸이 섬유와 같은 물질로 이루어져 있었기 때문에 화석이 되기가 어려웠습니다.

2. 지질 시대는 암석이나 지층의 특징에 따라 여러 단위로 나눌 수 있어요. 가장 큰 단위는 누대이며, 대, 기, 세, 절, 크론 등의 작은 단위로 나뉩니다. 누대의 경우에는 화석이 발견되느냐 발견되지 않느냐에 따라 나누고, 대의 경우 퇴적된 지층의 특징에 따라 시기를 나눕니다.

관련 교과

초등 4학년 2학기 2. 지층과 화석

중학교 1학년 8. 판 구조론과 지각 변동

2. 화석의 비밀

여러분은 공룡을 직접 본 적이 있나요? 아마도 없을 것입니다. 여러분뿐만 아니라 여러분보다 나이가 많은 누구라도 본 적이 없을 것입니다. 사람과 공룡이 살던 시대 자체가 다르니까요. 그렇다면 공룡처럼 오래전에 지구에 살았고 현재는 볼 수 없는 생물들은 어떻게 그 모습을 알 수 있을까요? 사진도 없고, 그림으로 남겨진 것도 없는데 말이에요. 그건 바로 화석 때문이랍니다. 자, 그럼 지구 역사의 산증인, 화석에 대해서 알아볼까요?

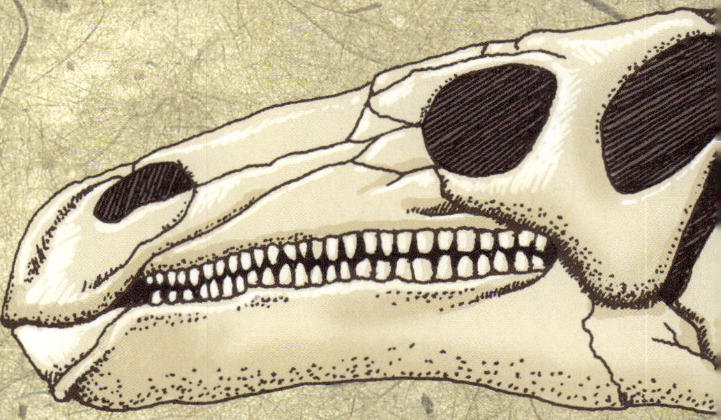

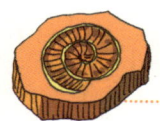

화석이란 무엇일까요?

화석이란 말은 돌로 변했다는 뜻입니다. 본래 화석이란 영어로 '파슬(fossil)'이라고 하는데 라틴어인 '포실리스(fossilis)'에서 온 말로, '땅에서 파낸 기묘한 물건'이라는 의미입니다. 그래서 처음에는 광물이나 땅 속에 묻혀 있던 골동품까지도 화석이라고 불렀지요. 그러나 점차 지질 시대에 살았던 생물의 유해나 흔적이 지층 속에 남아 있는 것에 대해서만 화석이란 말을 사용하게 되었습니다.

옛날 사람들은 화석에 대해 다양한 생각을 가지고 있었습니다. 아리스토텔레스는 '화석은 돌 속에서 자라는 것'이라고 생각했고, 많은 사람들이 그의 이야기를 믿었습니다. 그러다가 15세기의 화가이자 과학자였던 레오나르도 다빈치가 화석을 '생명체의 유해'라고 하여 그때부터 사람들이 화석을 제대로 인식하기 시작했습니다. 17~18세기 사람들은 화석이 '자연의 섭리'라고 생각했지만, 간혹 돌의 깨진 틈으로 비나 바람에 의해 씨나 알이 들어가 번식

유해

생물이 죽어서 남은 뼈나 껍데기 등의 흔적들을 말합니다.

아리스토텔레스

고대 그리스의 철학자로 플라톤의 제자였어요. 과학과 사상 전반에 걸쳐 많은 연구를 했고, 논리학을 창건하기도 했습니다. 학식이 뛰어나 알렉산드로스 대왕이 왕자였던 시절, 그의 스승이기도 했어요.

레오나르도 다빈치

15세기 르네상스 시대를 대표하는 이탈리아의 천재적 화가예요. 화가로 잘 알려져 있지만 사실 과학자, 건축가이기도 해요. 대표적인 미술품으로는 〈최후의 만찬〉과 〈모나리자〉 등이 있습니다.

화석은 생명체의 유해가 오랫동안 보존되어 남아 있는 것을 말한다.

을 하는 생물을 화석이라고 생각하기도 했지요.

지질 시대 동물의 뼈, 발자국, 살았던 흔적, 만들어 놓은 구조물, 배설물, 알 등도 화석이라고 할 수 있습니다. 그러나 모든 화석이 반드시 돌로 되어 있는 것은 아닙니다. 호박 속의 곤충이나 규화목, 시베리아 추운 땅속에 얼어 있는 매머드와 같은 특수한 형태의 화석도 있습니다.

매머드는 시베리아의 얼음 속에 그대로 보존되어 있어 비교적 그 모습을 정확히 추측할 수 있다.

지구 상에 빙하기에 살았던 매머드는 현재 멸종된 동물이지만, 시베리아 얼음 속에서 형체가 그대로 보존되어 발견했습니다. 하지만 지질 시대에 살았던 동물이기 때문에 화석으로 분류한답니다. 단 역사 시대에 만들어진 미라나 화산재에 덮인 인간의 유해는 화석이라고 하지 않습니다.

일반적으로 이빨, 뼈, 껍데기 같은 딱딱한 부분이 있어야 화석이 보존되기가 쉽습니다. 그렇다고 부드러운 부분들 보존된 화석이 없는 것은 아닙니다. 드물긴 하지만 이런 종류의 화석도 때때로 발견됩니다. 죽은 생물체나 그 일부가 화석으로 변하는 작용을 어려운 단어로 '화석화' 라고 합니다.

오랜 시간이 지나면서 화석들은 부분 혹은 전체가 암석으로 변하는데, 이것을 '석화' 라고 합니다. 석화에도 특별한 이름들이 있습니다. 만약에 생물체의 비어 있는 구멍이나 부드러운 부분이 광물질로 채워지고 딱딱한

부분은 손상되지 않은 채 남아 있다면, 이것을 '광물화' 라고 합니다. 그리고 생물체의 뼈, 껍데기, 기타 다른 딱딱한 부분이 다른 광물들과 섞이거나 성질이 바뀌었다면 이 작용은 '치환' 이라 합니다. 또, 때때로 원래 껍데기나 뼈가 남아 있지만 결정 안에서 변화를 겪는 경우가 있는데, 이것을 '재결정' 이라고 합니다. 또, 전체 생물체가 녹아 없어지고 움푹 파인 구멍만을 남기는 경우, 이 구멍을 '천연 몰드'라 부릅니다.

화석은 대부분 몰드와 생물체가 함께 발굴됩니다. 때때로 연체동물의 껍질 안에 있는 부분이 껍질이 부식되어 버린 후에 퇴적암으로 가득 채워져 있기도 합니다. 어떤 경우 생물체의 사체가 얼어서 보존되기도 하고 말라서 보존되기도 합니다.

어떤 식물이나 곤충은 얇은 탄소층에 눌려서 나타나는데, 이를 '탄소화' 또는 '증류'라고 합니다. 또 다른 화석들은 나무껍질의 흔적처럼 생물체의 흔적만으로 이루어지기도 합니다. 만약 이 흔적이나 자취가 동물이 굴을 파는 동작이나 발자국, 흔적 등 고대 생물의 움직이는 동작이나 작용을 기록한다면 이 화석을 '흔적 화석'이라고 합니다. 흔적 화석에는 (몸체 화석과 구별하여) 알, 이빨 자국, 위 안에 있는 내용물, 배설물 등이 포함됩니다.

TIP 요건 몰랐지?

화석이 생성되려면?

- **생물의 개체 수가 많아야 해요.**

생물들이 죽었다고 모두 화석으로 만들어지는 것이 아닙니다. 특정 환경과 조건에 맞는 개체들만이 화석으로 존재할 수 있습니다. 개체 수가 많아야 화석화될 확률도 높겠죠.

- **뼈나 껍데기와 같은 단단한 부분이 있어야 해요.**

물론 단단한 부분이 없는 생명체도 화석이 되기는 하지만 생명체의 단단한 부분은 외부적인 요인에 의해 파손이 쉽게 일어나지 않고 오랜 기간 동안 보존되기에 화석이 될 확률이 높아요.

- **빠른 시간 내에 매몰되어야 해요.**

생명체의 유해가 부패되거나 풍화되는 것으로부터 보호하기 위해서입니다. 만약 생명체가 빠르고 깊게 묻히지 않는다면 박테리아가 그 생물의 유해를 부패시키고 지하수나 바람 등의 작용으로 인하여 유해가 사라지게 될 수도 있기 때문이에요.

- **지각 변동을 겪지 않고 잘 보존되어야 해요.**

지각 변동을 겪으면 이미 만들어진 화석들이 파손되거나 없어질 수 있어요.

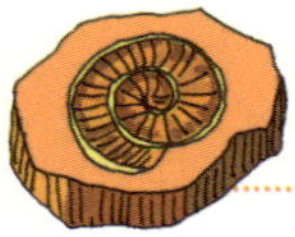

화석은 어떻게 만들어질까요?

화석은 생명체의 단단한 부분이 남아서 만들어지는 것입니다. 예를 들어, 동물은 뼛속의 인산칼슘 성분이나 이빨의 에나멜 성분이 화석으로 보존되고, 조개는 껍데기의 탄산칼슘(CaCO3) 성분이 화석으로 되는 것이지요. 유공충은 외골격이나 껍데기의 규질(SiO4) 또는 탄산칼슘 성분이, 곤충과 같은 절지동물은 껍데기의 키틴질(Chitin) 성분이 화석으로 남습니다. 하지만 생명체의 부드러운 부분도 화석화 과정을 통해 화석이 될 수 있어요.

화석화 과정을 거치는 동안 생명체는 화석화 작용을 받게 됩니다. 즉, 동물이나 식물은 죽으면 썩은 고기를 먹는 동물(독수리, 자칼 등)의 먹이가 되거나, 박테리아에 의해서 썩어 없어지지만 그렇지 않은 것도 있습니다. 홍수나 산사태, 모래돌풍 등 천재지변이 일어나서 살아 있는 동식물이 매몰되기도 하고, 얼음, 석탄, 타르, 나무 송진 등에 의해서 살아 있는 상태에서 땅 속에 묻히기도 합니다. 이때, 생물체는 보통 썩지 않은 채로 보존되어 수백만 년 동안 땅 속에 묻

인산칼슘

동물의 뼈나 이빨의 주성분으로 에나멜, 우윳빛 유리, 거름의 주원료로 쓰여요.

에나멜

도자기와 같은 물질의 표면을 매끄럽고 광택이 나게 하는 물질입니다.

규질

암석이나 광물에 규산을 포함하고 있는 성질을 가진 성분을 말합니다.

키틴질

곤충이나 갑각류(새우, 게)의 몸의 딱딱한 껍데기를 이루는 성분입니다.

❶ 땅 위나 물속에서 다양한 종류의 생물체가 살아간다.

❷ 생물체가 죽으면서 풍화나 지각 변동에 의해 땅 속에 묻힌다.

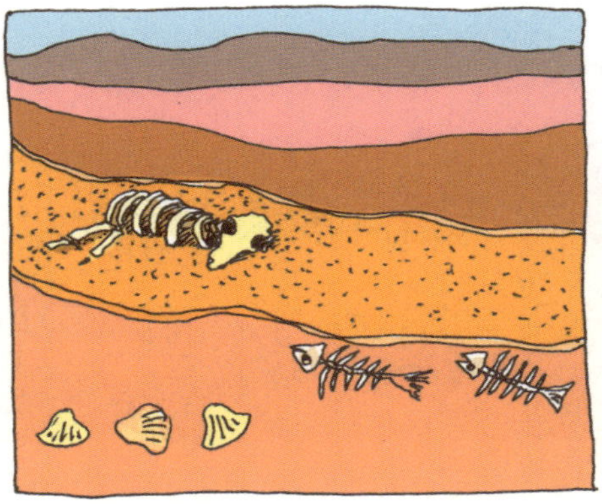

❸ 생물체의 유해 위로 더 많은 양의 흙이 쌓여 열과 압력으로 인해 화석화가 시작된다.

❹ 오랜 시간 열과 압력을 받은 생명체의 유해가 화석으로 남는다.

혀 있게 되는 거예요.

오랜 시간 동안 열과 압력을 받거나 여러 가지 작용을 통해서 생물체와 생물체를 둘러싸고 있는 물질들은 다양하게 변해요. 찌그러지기도 하고, 빈 구멍이 메워지기도 하고, 색깔이 변하기도 하죠. 그리고 그

오랜 세월에 걸쳐 쌓인 지층은 지구의 역사를 담고 있다.

침식작용

지표가 비나 바람, 하천, 빙하 따위의 자연 현상에 의하여 깎이고 닳아 없어지는 현상을 말해요. 대구가 되는 말로는 퇴적작용이 있어요.

일부나 전부가 암석으로 변하여 화석이 되어서 침식작용이나 인간의 발굴 작업 등을 통해 세상에 나오게 된답니다.

시상화석과 표준화석

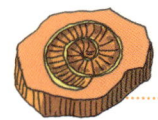

화석은 특수한 지층에서 발견되어 그 지층의 연대를 알 수 있는 표준화석(시준화석)과 지층이 형성되던 당시의 환경을 알 수 있는 시상화석으로 나눌 수 있습니다.

먼저 표준화석은 특정한 시대에만 번성했던 생물의 화석으로, 지질학적인 가치가 매우 높습니다. 그래서 지층의 생성 시대를 잘 알 수 있지요. 고생대의 삼엽충, 중생대의 암모나이트와 공룡, 신생대의 화폐석 등이 표준

공룡 화석이
발견된 것으로 보아서
이 지층은 쥐라기 시대의
지층이 틀림없어.

화석에 포함됩니다.

예를 들어, 공룡 스테고사우루스는 2억 년 전에서 1억 4,500만 년 전까지 쥐라기 시대에 살았어요. 만약 어떤 지층에서 스테고사우루스의 화석이 발견되었다면, 그 지층은 쥐라기 시대에 생성된 지층이라는 사실을 알 수 있겠지요? 이러한 지층을 표준화석이라고 해요.

시상화석은 특정 환경에서만 서식했던 생물의 화석입니다. 그래서 화석을 보고 화석이 있던 지층의 생성 당시의 환경을 알 수 있지요. 예를 들어, 산호는 바다가 잔잔하고 수심이 얕으며 따뜻한 곳에서 자라는 특성이 있습니다. 산호 화석이 발견되었다면 그 주변이 오래전에는 수심이 얕고 따뜻한 바다였음을 추측할 수 있습니다.

TIP 요건 몰랐지?

화석의 가치

화석은 지질 시대에 살았던 생물이나 기후, 지층 등을 알아보는 중요한 자료입니다. 또 말이나 코끼리 화석처럼 진화의 증거를 보여 주는 화석도 있고, 유공충 화석처럼 광물 자원을 탐사하는 데 중요한 자료가 되는 화석도 있어요.

- 지질 시대와 환경에 따라 생물은 점진적으로 변해요. 화석을 통해 시간이 지나면서 더 복잡하게 발달하는 생명체의 기관과 외부의 모양과 구조의 변화를 알 수 있어요.
- 생물은 대부분 지질 시대를 거치면서 진화해 왔어요. 예를 들어, 고생대의 삼엽충, 중생대의 암모나이트와 같이 특정 생물은 특정한 지질 시대에만 살았기 때문에 그 화석을 통해 시대를 나타내 주지요.
- 매머드는 추운 곳에서, 공룡은 따뜻한 곳에서 살았던 것처럼 생물은 생활하던 장소와 환경이 한정되어 있어요. 따라서 화석을 통해 지질 시대의 환경을 추측할 수 있어요.
- 현재 이용되고 있는 석유, 석탄, 천연가스 등의 에너지 자원은 죽은 생물체가 많이 쌓여서 만들어진 거예요. 이들 생물체 유해의 일부분은 분해되지 못하고 석유나 석탄 속에 포함되어 그 자원의 특성이나 기원을 알 수 있답니다.

Q&A 꼭 알고 넘어가자!

문제 1 이집트의 미라나 화산 폭발로 인해 생긴 인간의 유해도 화석이라고 할 수 있을까요?

문제 2 화석이 만들어지기 위해 필요한 조건들은 무엇이 있을까요?

3. 표준화석은 특수한 지층에서 발견되어 그 지층의 연대를 알 수 있는 화석을 말합니다. 때문에 특정한 시대에만 번성했던 생물의 화석, 즉 고생대의 삼엽충, 중생대의 암모나이트와 공룡, 신생대의 화폐석 등이 표준화석에 속합니다. 그리고 시상화석은 특정 환경에서만 서식했던 생물의 화석으로 화석이 있던 지층의 당시 환경을 알 수 있는 화석입니다. 지층 생성 당시의 장소가 바다였는지, 산이었는지, 들판이었는지, 혹은 따뜻한 곳이었는지 추운 곳이었는지 등을 알 수 있는 근거가 됩니다.

문제 3 표준화석과 시상화석의 차이는 무엇인가요?

정답

1. 지질 시대에 생존한 생물체만 화석으로 분류를 합니다. 역사 시대에 만들어진 이집트의 미라나 화산 폭발로 땅 속에 묻혀 보존된 인간의 유해는 화석이라고 하지 않습니다.

2. 화석이 되기 위해선 조건이 까다롭습니다. 우선 생물의 개체 수가 많아야 하고 뼈나 껍데기와 같은 단단한 부분이 있어야 합니다. 또한 살아서, 혹은 죽은 뒤에 빨리 매몰되어야 유해가 썩지 않고 좀 더 잘 보존될 수 있습니다. 그리고 이미 화석이 되었어도 지각 변동을 겪는다면 파손될 수도 있으니 지각 변동을 겪지 않은 곳에서 화석이 나올 확률이 높겠죠.

관련 교과

초등 4학년 2학기 2. 지층과 화석
중학교 3학년 8. 유전과 진화

3. 공룡의 시대

〈아기 공룡 둘리〉 만화를 보면 공룡 둘리가 사람들과 생활하는 모습을 볼 수 있습니다. 만화에서 본 것처럼 공룡들이 어디선가 "짜잔~!" 하고 나타나진 않을까 생각해 본 적도 있을 것입니다. 어떤 사람은 공룡을 만화에서 보던 것처럼 친근하고 귀여운 동물로 느끼기도 하고 또 어떤 사람은 티라노사우르스처럼 무섭고 난폭한 동물로 느끼기도 합니다. 그렇다면 실제 공룡은 어땠을까요?

공룡이란?

공룡은 중생대에 번성했던 파충류 무리 중 한 종류입니다. 우리 주위에서 볼 수 있는 도마뱀이나 도롱뇽, 악어, 뱀 등이 파충류에 속합니다. 그렇다면 공룡과 파충류를 분류할 수 있는 가장 큰 차이점은 뭘까요? 바로 걸어 다니는 모습을 보고 알 수 있습니다. 악어나 도마뱀과 같은 파충류는 걸어 다닐 때

파충류

지질 시대의 공룡을 비롯하여 현재 지구 상에 살고 있는 도마뱀, 거북, 악어, 뱀류 등이 속해 있는 동물군을 말합니다. 피부가 각질로 된 비늘이나 표피로 덮여 있고, 보통 네 발을 가지고 있으나 뱀의 경우에는 발이 없기도 합니다.

몸이 좌우로 비틀어져서 S자 형태로 휘어지는 것을 보았을 거예요. 이것은 다리가 무릎에서부터 90도 정도 양 옆으로 꺾여 있기 때문이지요. 공룡은 다리가 아래로 쭉 뻗어 있어 이동할 때도 몸이 비틀리지 않고 곧은 자세로 날렵하게 움직일 수 있었습니다. 하지만 이들은 모두 원시 파충류에서 진화했기 때문에 공룡과 파충류는 서로 먼 친척 정도라고 생각하면 돼요.

공룡은 지구 상에서 오랫동안 번성하며 살았고, 이름이 붙여진 종류만 해도 1,500여 종에 달합니다.

가장 먼저 화석으로 발견된 공룡은 메갈로사우루스와 이구아노돈이지만 이들이 최초의 공룡은 아닙니다. 지금까지 발견된 공룡 중 가장 오래된 것은 중생대 트라이아스기 말(약 2억 년 전)에 살았던 헤레라사우루스와 에오랍토르입니다.

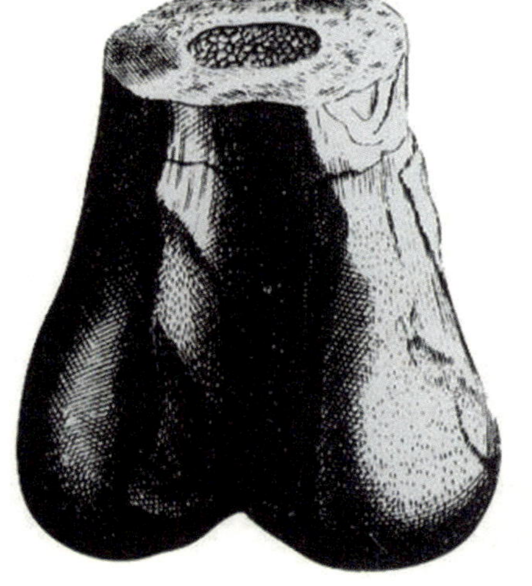

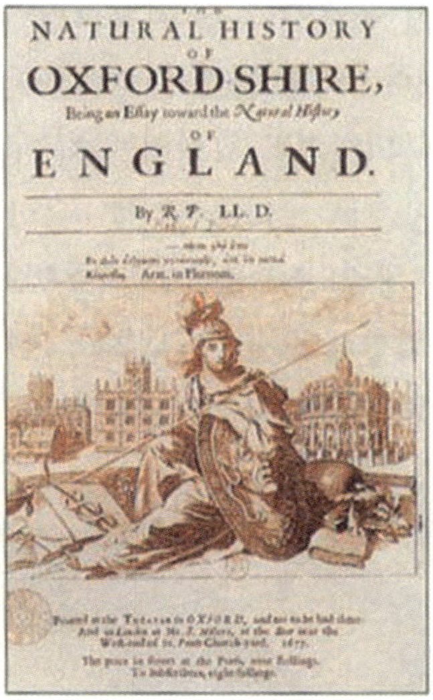
THE NATURAL HISTORY OF OXFORD-SHIRE, Being an Essay toward the Natural History OF ENGLAND.

By R. P. LL. D.

메갈로사우루스 넓적다리뼈 — 1676년에 발견된 메갈로사우루스의 넓적다리뼈로 이것이 최초로 발견된 공룡의 흔적이다.

공룡 연구의 역사

공룡의 화석은 수백만 년 전부터 있었지만 인간이 이들에 대해 안 것은 19세기가 되어서입니다.

공룡의 뼈를 처음으로 발견하고 과거에 거대한 파충류가 존재했음을 깨달은 사람은 영국의 의사 멘텔이었습니다. 1822년, 멘텔은 부인 메리 앤이 발견한 돌 속에 박혀 있는 커다란 이빨이 거대한 초식 동물의 것임을 알게 되었습니다. 그리고 이구아나의 작은 턱에 나 있는 비슷한 형태의 이빨을 보고 거대한 파충류의 이빨임을 확신했지요. 그러나 그 당시에는 그것이 코뿔소의 이빨이라는 감정을 받았답니다. 뒤에 사무엘 스터지베리가 이 이빨이 이구아나와 비슷한 파충류의 것임을 밝혀냈고, 멘텔이 '이구아노돈' 이라는 이름을 붙였습니다.

공룡에 대해 가장 처음 논문을 발표한 사람은 윌리엄 버클랜드였습니다. 그는 1824년에 멘텔보다 1년 앞서 공룡(메갈로사우루스)에 대해 최초의 과학적 설명을 기재했지요.

그럼 '공룡' 이라는 이름은 어떻게 만들어졌을까요?

1841년, 리처드 오언은 '무시무시한 도마뱀' 이란 뜻에서 공룡(DINOSAURS)이라는 이름을 붙였습니다. 하지만 그는 공룡이 실제로 어떻게 생겼는지는 알 수 없었어요. 1854년에 그의 공룡 복원 모델을 보면 코끼리나 코뿔소처럼 묘사되어 있었지요.

이후 1887년에는 해리 실리가 모든 공룡을 엉덩이의 구조에 따라 두 종류(용반목과 조반목)로 분류했고, 점차 공룡에 대한 이해가 커지게 되었습니다.

공룡의 분류

용반목과 조반목

용반목과 조반목을 처음으로 구분한 해리 실리.

공룡은 골반(엉덩이 뼈)의 모양에 따라 조반목과 용반목으로 나눌 수 있습니다. 조반목은 새의 골반처럼 치골과 좌골이 나란하고, 용반목은 파충류의 골반처럼 장골, 좌골, 치골이 각기 다른 세 방향으로 뻗어 있는 모양을 하고 있어요. 치골, 좌골, 장골 등 무슨 말인지 어렵고 잘 모르겠다고요? 그렇다면 딱 두 가지만 기억하세요. 조반목은 엉덩이 뼈 모양이 새의 것과 비슷하고, 용반목은 파충류의 것과 비슷하다는 것 말입니다.

또 용반목과 조반목은 이빨의 모양과 구조에도 차이가 있습니다. 초식 공룡이 대부분인 조반목은 이빨이 가지런하고 맷돌처럼 먹이를 잘게 갈 수 있는 반면, 용반목에는 초식 공룡과 육식 공룡이 섞여 있는데 이빨이 뾰족하고 날카로우며 앞니와 어금니가 똑같은 형태를 이루고 있습니다.

좀 더 세밀한 분류 방법은 공룡을 연구하는 학자들에 따라서 달라집니다. 또 새로운 공룡들이 발견되면서 더 작은 단위로 분류되기도 하지요. 그러나 공룡의 종류가 많고 아직 발견되지 않은 공룡들도 많기 때문에 모든

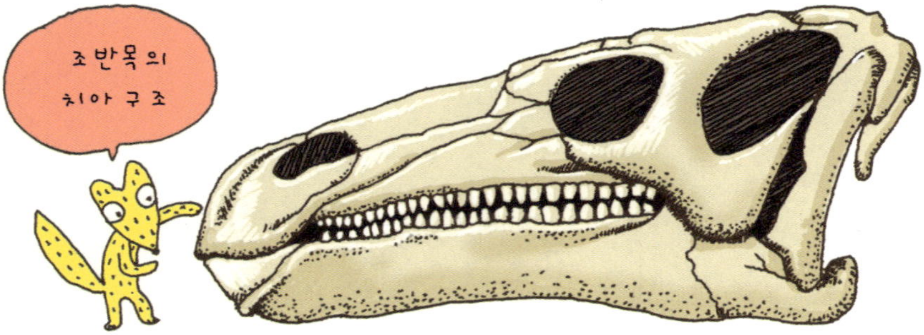

공룡을 분류할 수는 없답니다.

트라이아스기의 공룡들

지구 상에서 공룡이 처음 나타난 것이 바로 트라이아스기입니다. 사람(인류)이 살기 훨씬 이전이죠. 트라이아스기의 공룡들 중에서 코엘로피시스는 아주 날씬한 체형을 가진 공룡입니다. '텅빈 체형' 이라는 뜻의 이름에 걸맞게 뼈가 아주 얇고 날씬한 체형을 가진 공룡이에요. 몸길이는 최대 3m 정도로 초등학생 두 명의 키를 합쳐 놓은 정도이지만 몸무게는 40kg

코엘로피시스는 육식 공룡으로 크지는 않지만
날렵하고 사납다. ⓒ Ballista@the wikimedia commons

정도였습니다. 또, 새와 비슷한 형태로 머리가 작고 목은 S자 형태로 휘어져 있어서 넓은 지역을 한 눈에 볼 수가 있습니다. 갈고리처럼 생긴 앞발로는 먹이를 잡았고 긴 뒷다리는 발목뼈가 있어서 걷거나 뛰기에 좋은 구조였습니다. 그래서 두 다리로 서서 다닐 수 있었고, 달리기 선수라고 불러도 좋을 만큼 다른 파충류들보다 빨리, 그리고 더 오래 달릴 수 있었습니다.

코엘로피시스는 화석에서 종종 발견되는 작은 뼈들 때문에 공룡의 어린 새끼를 잡아먹는 잔인한 공룡이라는 누명을 쓰고 있었는데, 최근 그 작은 뼈들은 악어과의 동물을 잡아먹은 흔적으로 밝혀졌습니다. 학자들의 끊임없는 연구가 없었더라면 아직까지도 코엘로피시스는 억울한 누명을 쓰고 잔인한 공룡으로 알려졌을 것입니다.

플라테오사우루스는 트라이아스기 공룡 중 가장 크다. ⓒ FunkMonk@the wikimedia commons

트라이아스기에 코엘로피시스만 있었던 건 아닙니다. '납작한 도마뱀'이라는 의미의 플라테오사우루스는 길이가 7m이고 몸무게가 4t 정도로, 이 당시로서는 가장 큰 공룡이었습니다. 생김새는 공룡하면 가장 먼저 생각나는 작은 머리를 가지고 있었고, 긴 목과 긴 꼬리, 커다란 몸통, 짧은 앞발과 긴 뒷다리를 가지고 있었습니다. 몇몇 공룡은 두 발로 걸어 다니기도 하지만 플라테오사우르스는 네 발로 걸어 다니는 공룡이었어요. 초식 공룡인 플라테오사우루스는 육식 공룡들의 공격으로부터 자신을 보호하기 위해 커다랗고 날카로운 엄지발톱을 가진 앞발과 긴 꼬리를 사용했습니다.

원시 공룡 중 하나인 헤레라사우루스는 1m 정도의 작은 체형이었지만 몸무게는 80㎏에 달하는 뚱뚱보 공룡입니다. 하지만 무척 민첩한 공룡이죠. 크고 강한 턱과 6㎝ 길이의 날카로운 이빨로 큰 덩어리의 고기도 쉽게 먹을 수 있는 육식 공룡입니다.

그 외에도 몸집이 작고 두 발로 걸어 다녔던 스타우리코사우루스, 다른 공룡들에 비해 목이 짧고 이빨이 많은 테코돈토사우루스, 헤레라사우루스보다도 훨씬 더 작은 공룡이지만 사납고 포악한 사냥꾼인 에오랍토르도 트라이아스기의 공룡들입니다.

공룡의 전성시대 쥐라기

목이 길어서 현대의 기린을 연상시키는 브라키오사우루스는 목을 쭉 뻗으면 목의 길이만 10m 정도 된다고 해요. 목의 길이만 건물 3~4층 높이와 비슷하니 브라키오사우루스가 얼마나 큰 공룡인지 상상할 수 있겠죠?

브라키오사우루스는 길이가 25m 정도이고, '쥐라기의 코끼리' 라는 별명이 붙을 만큼 큰 덩치를 가진 초식 공룡이었습니다. 공룡은 포유류와 달리 연골이 뼈의 끝부분에 있어서 살아 있는 동안 계속해서 성장을 할 수 있습니다. 사람도 음식을 골고루

브라키오사우루스는 몸길이가 25m, 몸무게가 50t에 이르는 거대한 공룡이다.

폴란드에 있는 알로사우르스의 모형. ⓒ Jakub Halun@the wikimedia commons

연골

연골세포와 그것을 둘러싸는 뼈를 말합니다. 보통 우리가 말하는 뼈는 경골이죠. 연골은 경골과 경골 사이, 즉 관절에서 뼈가 마찰로 닳는 것을 방지해 주는 기능을 합니다. 또한 귓바퀴와 같이 탄력을 유지하는 데도 필요합니다.

먹어야 잘 자라듯이 중생대의 공룡들은 이 당시 식물들이 번성해 이 식물들을 먹으면서 자꾸만 몸집이 자라게 되었습니다.

몸집이 커지면 숲에서 살아가기가 어렵기 때문에 어느 정도 성장한 후에는 무리를 지어 넓은 초원으로 이동하여 살아갑니다. 이들은 큰 덩치만큼이나 먹는 양도 어마어마했습니다. 그러나 이빨이 연필처럼 생겨서 제대로 씹을 수가 없었기 때문에 돌을 함께 삼켰어요. '위석' 이라고 하는 이 돌들이 뱃속에서 부딪치면서 마치 맷돌처럼 음식물을 갈아주는 역할을 했던 것이죠.

브라키오사우루스나 디플로도쿠스와 같은 거대한 초식 공룡들은 땅 속에 알을 낳고 그 위를 흙으로 덮어 두었습니다. 동물은 몸집이 커지면 행동이 둔해지는데, 용각류 공룡들도 큰 몸집 때문에 새끼를 돌보기가 어려웠지요. 그래서 새끼들의 생존율을 높이기 위해서 한 번에 많은 수의 알을 낳고, 눈에 띄지 않도록 숲이나 땅 속에 묻어 두었던 것입니다.

육식 공룡으로 '쥐라기의 사자'라고도 불리는 알로사우루스는 날렵한 몸, 날카로운 발톱과 이빨을 지닌 전형적인 사냥꾼이라고 할 수 있어요. 육식 공룡의 경우 위석은 필요하지 않았지만 먹이를 얻기 위해 사냥을 하는 동안 많은 에너지를 소비해 그만큼 더 많은 먹이가 필요했습니다.

공룡들이 점차 사라져 가는 백악기

지구에서 지각이 처음 생성되었을 때는 하나의 대륙으로 이어져 있었습니다. 그러나 점차 여러 개의 대륙으로 나누어지기 시작하여 백악기에는 오늘날과 비슷한 대륙 형태가 되었습니다. 또 기후가 따뜻해 식물들이 잘 자랄 수 있었고 대륙이 나뉘면서 각 대륙마다 기후나 환경의 차이가 있었기 때문에 그곳에 적응해 살기 위해서는 동물들이 다양한 형태로 진화하게 되었지요. 마찬가지로 공룡들도 여러 종류로 진화했습니다.

백악기 전기에 등장한 이구아노돈은 이름에서도 알 수 있듯이 처음 발견된 이빨 화석이 이구아나의 이빨과 닮았다고 해서 붙은 이름입니다. 몸집이 10m나 되는 크기의 초식 공룡으로, 튼튼한 앞발에는 다섯 개의 발가락이 있는데, 그 중 첫째 발가락에는 날카로운 발톱이 있어 육식 공룡을 물리치는 데 쓰였습니다. 뒷다리의 발가락은 세 개였고요.

백악기 공룡 중에는 다른 공룡의 알을 훔쳐 먹는 공룡도 있었습니다. 오비랍토르는 앞발에 있는 갈고리 모양의 발톱을 이용하여 알을 훔쳐 먹었고, 그 때문에 '알도둑' 이라는 별명까지 얻었지요.

청소 대장인 고르고사우루스는 육식 공룡이지만 사냥하기보다 죽거나 죽어가는 파충류들을 먹어치웠습니다. 육식 공룡답게 턱이 잘 발달되어 있고 이빨이 날카롭고 강했습니다. 육식 공룡으로는 작은 편이었지만 코끼리와 키가 비슷하고, 몸이 좀 더 길고, 날씬했습니다.

안킬로사우루스는 고슴도치처럼 온몸이 가시투성이인 초식 공룡이었습니다. 곤봉처럼 생긴 꼬리의 끝부분은 커다란 뼈 덩어리를 이루고 있어 매우 무거웠지요. 아마도 초식 공룡인 안킬로사우루스가 다른 육식 공룡들의 공격을 막아 내는 수단으로 사용되었을 것입니다.

박치기 선수인 파키케팔로사우루스는 머리뼈 두께가 20㎝가 넘을 정도로 두껍고 단단합니다. 이름이 지닌 뜻도 두꺼운 머리를 가진 도마뱀이거든요. 사람의 머리뼈 두께의 40~50배 정도이니 파키케팔로사우루스의 박치기 실력은 상상만 해도 어느 정도인지 알 수 있겠죠?

안킬로사우루스는 곤봉처럼 생긴 꼬리의 뼈로 육식 공룡의 공격을 막아냈다.

벨로키랍토르는 키가 1m 정도로 몸집이 작지만 갈고리 같은 발톱이 있어서 할퀴기 대장이었습니다. 30㎝ 이상 깊은 상처를 낼 수 있어 작은 몸을 방어할 수 있는 좋은 무기였지요.

강한 뒷다리에 비해 발달이 덜 된 앞다리를 가진 티라노사우루스.

기가노토사우루스와 티라노사우루스는 마치 쌍둥이처럼 닮은 점이 많습니다. 육식 공룡이면서 큰 몸집을 가지고 있고, 체구도 비슷했습니다. 보통 사람 120명의 몸무게와 비슷한 체중을 가지고 있었고, 키는 사람의 세 배 정도였습니다.

우리가 알고 있는 가장 강한 공룡 티라노사우루스는 북아메리카에서 활동했습니다. 튼튼한 턱과 이빨로 먹이를 뼈째로 부술 수 있었고, 다른 공룡이나 동물을 잡아먹었습니다. 또한 강하고 튼튼한 뒷발에 비해 앞발은 작고 발달이 덜 되어 있었고 입에도 닿지 못할 정도로 짧았다고 합니다.

TIP 요건 몰랐지?

공룡의 모습에 따른 분류

- **도마뱀공룡(용반목)**

도마뱀 골반 구조와 같은 공룡으로 현재까지 약 350여 종이 있는 것으로 알려졌습니다.

- **짐승룡**

다리가 짐승의 다리처럼 생긴 공룡으로 티라노사우루스, 알로사우루스 등과 같은 무서운 육식 공룡들이 여기에 속합니다.

- **천둥룡**

다리가 파충류의 다리처럼 생긴 공룡이에요. 초식 공룡으로 몸이 거대한 것이 특징입니다. 브라키오사우루스, 파라사우롤로푸스 등이 있습니다.

- **오리너구리룡**

다리가 새의 다리처럼 생긴 공룡으로 오리처럼 생긴 부리를 가지고 있는 것이 특징입니다. 이구아노돈, 파라사우롤로푸스가 여기에 속해요.

- **검룡**

등에 칼처럼 생긴 골판이 있는 공룡이에요. 스테고사우루스, 투지앙고사우루스 등이 있습니다.

- **뿔룡**

머리에 뿔이 있는 공룡으로 트리케라톱스, 스티라코사우루스 등이 있습니다.

- **갑옷 공룡**

온 몸이 갑옷처럼 딱딱한 피부로 둘러싸여 있는 공룡이에요. 안킬로사우루스, 유오플로케팔로스 등이 있습니다.

TIP 요건 몰랐지?

공룡 몸집이 커진 이유

대부분의 사람들은 '공룡' 하면 티라노사우루스나 긴 목을 가지고 있는 브라키오사우루스를 떠올립니다. 하지만 대부분의 공룡은 이 공룡들보다 훨씬 작습니다.

티라노사우루스는 14m, 브라키오사우루스가 22m 정도 되는 크기였는데 반해 초기 육식 공룡인 코엘로피시스는 2m, 원시 초식 공룡인 플라테오사우루스는 8m 정도의 크기였다는 걸 보면 공룡이 그다지 크지 않았다는 걸 알 수 있습니다. 물론 사람이나 다른 동물들보다는 훨씬 큰 편이지만요.

그렇다면 공룡들은 왜 몸집이 커졌을까요? 여러 가지 추측들이 있는데 그중 가장 그럴듯한 것은 그 당시의 환경과 먹이 때문입니다.

초식 공룡들은 이산화탄소가 풍부하고 기후도 따뜻했던 중생대에 대륙 전체에 번성해 있던 양치식물이나 겉씨식물을 먹었는데 이러한 식물들이 곳곳에 충분히 있었기 때문에 먹이를 많이 먹다 보니 자연히 몸집이 커졌다는 것입니다.

현재 가장 큰 육상 동물인 아프리카 코끼리는 매일 185kg의 음식물을 먹어야 합니다. 그러니 이 코끼리보다 훨씬 몸집이 큰 공룡들은 이보다 더 많은 양의 먹이를 먹어야 했겠죠? 그리고 몸집이 크면 자신의 몸을 다른 공룡들에게서 더 잘 방어할 수 있었어요. 초식 공룡의 경우, 육식 공룡과 같이 날카로운 이빨이나 빨리 달릴 수 있는 능력이 없었기 때문에 자신의 몸을 보호하기 위해서는 몸집을 크게 만들 수밖에 없었던 것입니다. 이에 따라 육식 공룡들도 함께 몸집이 커졌던 거예요.

양치식물

체내에 관을 가지고 있어 그 관을 통해 물과 영양분을 공급하는 관다발식물 중에서 꽃이 피지 않고 포자로 번식하는 종류의 식물을 말합니다. 양의 이빨 모양을 닮았다고 해서 양치식물이라고 하죠. 오늘날 존재하는 대표적인 종류로는 고사리와 석송이 있습니다.

TIP 요건 몰랐지?

초식 공룡이 육식 공룡을 이길 수 있을까요?

초식 공룡들은 육식 공룡들의 공격으로부터 자신을 보호할 수 있도록 진화했습니다.

유오플로케팔루스와 같은 공룡들은 꼬리 끝의 뼈 뭉치, 단단한 갑옷과 같은 피부를 사용하여 육식 공룡의 공격을 막았습니다. 하드로사우루스나 힙실로포돈 같은 공룡은 마치 육상 선수처럼 빠르게 달릴 수 있기 때문에 육식 공룡의 공격을 피할 수 있었어요. 브라키오사우루스나 스테고사우루스 같은 용각류들은 강한 꼬리가 자신을 보호하는 수단이었지요. 특히 스테고사우루스는 꼬리 끝에 날카로운 가시가 달려 있어 더욱 위협적이었습니다. 또 트리케라톱스는 뿔과 방패 같은 프릴로 육식 공룡들의 공격을 방어했습니다.

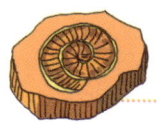

공룡은 어떻게 번식했을까요?

1859년 프랑스에서 처음 공룡 알이 발견되었습니다. 하지만 당시 발견된 공룡 알껍데기는 악어와 익룡의 알껍데기로 잘못 알려졌습니다. 그 후 1923년에 몽골에서 처음으로 온전한 공룡 알둥지가 발견되었고 공룡이 딱딱한 알을 낳는 파충류라는 것이 밝혀졌습니다. 현재 공룡 알 화석은 전 세계 200여 곳에서 발견되고 있는데, 우리나라도 1972년 경남 하동에서 처음 발견되었고 최근 경기도 시화호와 전남 보성, 그리고 경남 고성에서 공

전남 보성에서 출토된 공룡 알 화석 모형(국립과천과학관 제공).

룡 알 화석이 발견되었습니다.

공룡 알은 그 자체도 귀중하지만 더 중요한 것은 그 안에 있는 태아 화석입니다. 왜냐하면 태아 화석의 연구로 공룡의 종류를 알 수 있기 때문이지요. 알들은 깨지기 쉽기 때문에 알이 썩기 전에 빠르게 묻혀 화석이 되어야만 태아의 뼈가 보존되어 화석이 됩니다.

그렇다면 공룡은 얼마나 큰 알을 낳았을까요?

타조의 알은 달걀보다 크고, 달걀은 메추리알보다 큰 것으로 보아 몸집이 크면 알의 크기도 크다는 사실을 알 수 있습니다. 그렇다면 공룡의 알은 얼마나 클까요? 거대한 브라키오사우루스는 그 몸집에 비례할 만큼 큰 알을 낳았을까요? 사실 공룡의 알은 그리 크지 않습니다. 알의 크기가 커지

면 껍데기도 함께 두꺼워져야 하는데, 그렇게 되면 호흡이 어렵고 부화하기도 힘들어집니다. 그래서 알의 크기는 껍데기의 두께에 따라 결정됩니다. 현재까지 발견된 공룡 알 중에 가장 큰 것은 중국 난양 지역에서 발견된 것으로, 축구공보다 조금 작은 타원형의 알이랍니다.

모든 알껍데기에는 미세한 구멍이 있는데, 이것은 알 속의 새끼 공룡이 숨을 쉴 수 있도록 산소를 공급하기 위해서입니다. 특히 공룡 알은 새의 알보다 구멍의 수가 열 배나 많습니다. 왜냐하면 공룡이 살던 중생대는 현재와 환경이 매우 달라서 대기 중에 이산화탄소의 양이 많아서 매우 온난다습했기 때문입

구애 행동

암컷과 수컷이 서로 관심을 끌기 위해 특별한 행동을 하는 것을 말합니다. 때로는 수컷끼리 암컷을 놓고 싸우기도 하고, 때로는 암컷 앞에서 자신의 가장 멋진 모습을 보여 주기도 하죠.

수각류

두 발로 걸어 다니는 용반류의 공룡을 말합니다. 대부분 육식성이었으나 일부는 백악기에 초식성으로 진화한 것도 있죠. 수각류는 트라이아스기 말에 처음으로 출현해 쥐라기 초부터 백악기 말까지 생존한 유일한 육식 공룡이었습니다.

경기도 화성 고정리에서 출토된 공룡알을 재현했다 (국립과천과학관 제공).

니다. 따라서 태아가 호흡하기 위해서는 많은 산소가 필요했고, 공룡은 알 껍데기에 많은 숨구멍을 냈던 것입니다. 그러나 이 구멍은 호흡에는 유리하지만 동시에 수분을 잃기 쉬운 통로입니다. 그래서 공룡들은 땅 속 구덩이에 알을 낳고 모래를 덮어서 수분이 빠져나가는 것을 막았습니다.

또한 공룡 알은 껍데기 표면에 여러 가지 무늬가 발달해 있습니다. 이런 무늬는 가느다란 선, 홈이 파인 것 등으로 다양하며 어떤 것은 무늬가 아니라 조그만 돌기들이 솟아 있는 것도 있습니다.

오늘날의 새처럼 공룡은 구애 행동을 하고, 둥지를 지어 알을 낳으며, 부화된 어린 새끼를 돌보았습니다. 일부 수각류의 수컷은 볏이나 뿔과 같은 머리 장식으로 암컷의 관심을 끌기 위해 구애 행동을 했고, 두껍고 단단한 머리뼈를 가진 수컷 파키케팔로사우루스는 암컷을 차지하기 위해 서로 박치기 시합을 했습니다. 짝짓기 후에 암컷 공룡은 진흙 둥지나 모래 구덩이에 알을 낳고 모래로 덮었습니다. 어떤 공룡은 집단 둥지를 만들었고 어떤 공룡은 둥지 곁에 머무르면서 알과 어린 새끼를 적으로부터 보호했지요.

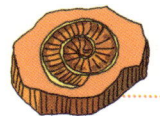

공룡은 왜 멸종되었을까요?

공룡이 멸종했을 때에는 다른 많은 파충류나 조개류, 아주 작은 플랑크톤 같은 생물까지도 한꺼번에 사라졌습니다. 지구 상의 생물의 거의 80%가 사라져 버렸지요.

공룡이 멸종하자 번성하던 포유류도 차츰 줄어들기 시작했습니다. 다만, 공룡은 다른 생물들과 달리 모습이 특이했고, 줄어드는 기간이 급격히 빨랐다는 것 때문에 사람들이 많은 흥미를 가지고 있죠.

도대체 그 시대에 무슨 일이 있었던 것일까요? 공룡이 왜 멸종했는가에 대해서는 몇 가지 가설이 있습니다. 지구의 기온이 떨어져 공룡이 살 수 없는 환경이 되었기 때문이라는 데는 똑같지만 기온이 떨어지게 된 원인에 대해서 다양한 학설이 있습니다.

그럼 공룡의 멸종 원인을 한번 알아볼까요?

운석 충돌설

가장 보편적이고 설득력 있는 학설은 앨버레즈를 비롯한 많은 학자들이 주장한 운석 충돌설입니다. 운석 충돌설은 지름이 10㎞ 정도의 거대한 운석이 지구에 떨어져 환경에 변화가 생겼다는 학설이지요.

만약에 지름이 10㎞인 운석이 지구 표면에 빠르게(시속 10만㎞의 속도)

부딪힌다면 어떻게 될까요? 지름 10㎞짜리 운석이 지구에 떨어지면 지표에 지름 약 100㎞, 깊이 40㎞ 정도의 웅덩이가 생기고, 엄청난 폭발 에너지와 함께 많은 먼지가 지상 40㎞까지 올라가게 된다고 합니다. 그리고 반경 400~500㎞ 안의 모든 생물이 죽게 된다고 합니다. 지구에 부딪힐 때 발생한 폭발로 먼지 구름이 생기는데 이 먼지가 햇빛을 차단하고 지구에서는 오랫동안 햇빛을 볼 수 없게 되죠. 햇빛이 닿을 수 없으니 햇빛이 필요한 식물이 자라지 못하게 되고, 그 식물을 먹이로 삼는 초식 공룡들도 굶어 죽게 되며, 이에 따라 육식 공룡들도 연쇄적으로 죽게 되는 것입니다.

앨버레즈

정확한 이름은 루이스 앨버레즈로 1968년 노벨 물리학상을 수상했습니다. 루이스 앨버레즈는 자신의 아들 월터 앨버레즈와 함께 공룡의 멸종에 대해 처음으로 운석 충돌설을 주장한 사람입니다.

판게아

현재의 유럽, 아시아, 아메리카, 오세아니아, 아프리카 대륙이 고생대 말기까지는 하나로 뭉쳐 거대한 대륙을 이루었던 것으로 추측하는데 이 하나의 거대한 대륙을 판게아 혹은 초대륙이라고 부릅니다. 원래 하나의 대륙이 움직여 여러 대륙으로 나뉘었을 거라는 가설은 1915년 베게너라는 학자가 처음 주장했습니다.

그 밖의 다른 가설들

- **대륙 이동으로 인한 기온 저하설**

판게아 대륙 또는 곤드와나 대륙이 극지방으로 이동하여 대륙 빙하가 형성되고, 빙하가 태양 빛을 거의 모두 반사하여 기온이 내려가 지구 상에 생명체가 살 수 없게 되었다는 이론입니다.

- **해수면 저하설(해퇴설)**

해수면 저하설은 지구에 지각 변동이 일어나 바다 수면이 점점 낮아졌는데, 이렇게 얕아진 바다가 육지가 되면서 지구의 기온을 변화시켜 공룡이 멸종되었다는 가설입니다.

• **화산 활동설**

화산 활동설은 지표면에 존재하지 않는 백금족 원소가 공룡 화석에서 발견되고 있는 것으로 보아 백악기 말기에 급격한 화산 활동이 일어나 지구의 환경이 바뀌게 되어 공룡이 멸종했다는 가설입니다.

• **알 도난설**

알 도난설은 세력이 커진 포유류가 공룡의 알을 먹어 버려서 공룡이 멸망했다는 가설입니다. 하지만 실제로는 포유류의 세력이 커져 공룡이 멸망했다기보다는 공룡이 멸망해서 포유류의 세력이 커졌다고 하는 것이 더 논리적인 설명이죠.

이외에도 공룡도 노화하여 멸종했다는 '종의 노화설', 유독물인 알칼로이드를 포함하고 있는 현화식물을 먹고 멸종했다는 '알칼로이드 중독설', 지질 시대의 대량 멸종은 2,600만 년마다 일어나고 있다는 '2,600만 년 주기설' 등이 있어요. 하지만 이러한 가설 대부분은 증거가 없거나 검증하기 불가능합니다.

그렇다면 영화 〈쥬라기 공원〉에서처럼 공룡이 다시 지구에서 살아갈 수는 없을까요?

아마도 공룡이 지구에 다시 나타나는 일은 없을 거예요. 왜냐하면 공룡이 살던 시대와 지금의 시대는 기후와 환경이 너무 많이 달라졌고, 무엇보다 환경 오염이 심해졌기 때문입니다. 그렇지만 과학자들은 여전히 공룡의 화석을 찾아내어, 그 화석을 이용해서 공룡의 생활에 대한 새로운 사실을 밝혀내고 있답니다.

TIP 요건 몰랐지?

공룡 기네스북

- **가장 무거운 공룡은?**

지구 상에서 가장 무거운 공룡은 몸무게가 무려 180~200t이나 나가는 브루하트카요사우루스입니다. 크기나 체구에서는 아르헨티노사우루스가 제일 크겠지만 몸무게는 브루하트카요사우루스가 더 많이 나간다고 해요.

- **몸길이가 가장 긴 공룡은?**

세이스모사우루스는 몸길이가 52m에 이르러 지금까지 발견된 공룡 중 가장 긴 것으로 추정됩니다. 하지만 일부의 골격 화석만 발굴되었으므로 완전한 골격 화석이 발굴된 공룡 중에서는 디플로도쿠스가 가장 길다고 할 수 있습니다

- **가장 작은 공룡은?**

콤프소그나투스는 육식 공룡으로 공룡 중 가장 작습니다. 길이는 머리부터 꼬리까지 1m 정도이며 무게는 약간 큰 닭과 비슷하다고 합니다.

- **몸의 크기에 비해 가장 큰 뇌를 가진 공룡은?**

트로오돈은 몸에 비해 뇌의 크기가 공룡 중에서 가장 컸습니다. 오늘날의 새에 비교할 만하죠. 일부 공룡학자는, 만약 트로오돈이 멸종하지 않고 계속 진화했다면 지금의 인간 수준까지 발전했을 거라고 말하기도 합니다.

- **가장 빨리 달리는 공룡은?**

스트루티오미무스의 이름은 '타조를 닮은 공룡' 이라는 뜻입니다. 이름처럼 모습도 타조를 닮았고, 그래서인지 타조처럼 빠르고 민첩했죠.

- **가장 많은 사람들의 이름으로 지어진 공룡은?**

티안치사우루스는 종명을 영화 〈쥬라기 공원〉에 출연한 배우 8명의 이름을 따서 지었다고 합니다. 원래 이름도 영화 〈쥬라기 공원〉의 수익금 일부를 기부받아서 이를 기념하기 위해 쥐라소사우루스로 지었다고 합니다.

문제 1 공룡도 파충류에 속한다고 하는데 공룡과 다른 파충류를 분류할 수 있는 가장 큰 차이점은 무엇인가요?

문제 2 영화 〈쥬라기 공원〉을 비롯해 공룡이 등장하는 많은 영화와 소설에서 보면 배경이 대부분 쥐라기 시대인데 그 이유는 무엇인가요?

3. 초식 공룡들은 육식 공룡이나 다른 적으로부터 자신을 보호하기 위해 다양한 방법을 사용했는데 그 방법은 공룡의 종류에 따라 다릅니다. 어떤 공룡들은 꼬리 끝의 뼈 뭉치와 단단한 갑옷과 같은 피부를 사용하여 육식 공룡의 공격을 막았고 또 어떤 공룡은 빠르게 달릴 수 있기 때문에 얼른 도망칠 수 있었습니다. 또 트리케라톱스와 같은 공룡들은 머리의 뿔과 방패 같은 프릴로 육식 공룡들의 공격에 대응했습니다.

4. 공룡이 지구에서 사라지게 된 이유에는 여러 가지 설이 있는데 가장 대표적인 것이 운석 충돌설입니다. 지구에 지름이 10km 크기의 운석이 부딪혀 지구의 기온이 낮아지고 환경이 변하게 되어 공룡이 살아갈 수 없었기 때문입니다.

문제 3 초식 공룡들은 어떻게 자기 자신을 적으로부터 보호했을까요?

문제 4 당시 지구에서 가장 덩치가 크고, 강하고 힘이 센 동물이었던 공룡이 사라지게 된 이유는 무엇인가요?

정답

1. 공룡들의 이름을 보면 대부분 무슨무슨 사우루스입니다. 여기에서 사우루스는 도마뱀을 뜻해요. 사람들이 공룡을 일종의 도마뱀으로 보았다는 뜻이기도 하죠. 하지만 차이점도 있습니다. 악어나 도마뱀과 같은 대부분의 파충류는 걸어 다닐 때 몸이 좌우로 비틀어져서 S자 형태로 휘어지는데 공룡은 다리가 아래로 쭉 뻗어 있어 이동할 때도 몸이 비틀리지 않고 곧은 자세로 날렵하게 움직일 수 있었습니다.

2. 공룡이 등장하는 영화나 소설의 시대적 배경으로 쥐라기가 등장하는 것은 쥐라기 시대가 공룡의 전성시대였기 때문입니다. 물론 트라이아스기 말부터 공룡이 출현했고 백악기에도 살았지만 쥐라기 시절에 살던 공룡이 가장 종의 수도 많고 개체 수도 많았습니다.

관련 교과

초등 4학년 2학기 2. 지층과 화석

4. 우리나라에서 발견되는 화석

수억 년, 수십억 년 전 우리나라의 모습은 어땠을까요? 먼 옛날 우리나라에는 어떤 동물과 식물들이 살고 있었을까요? 이 장에서는 한반도 지질에서 발견되는 화석을 통해 우리나라에 어떤 공룡들이 살았는지, 혹은 환경이 어떠했는지를 확인해 봅니다.

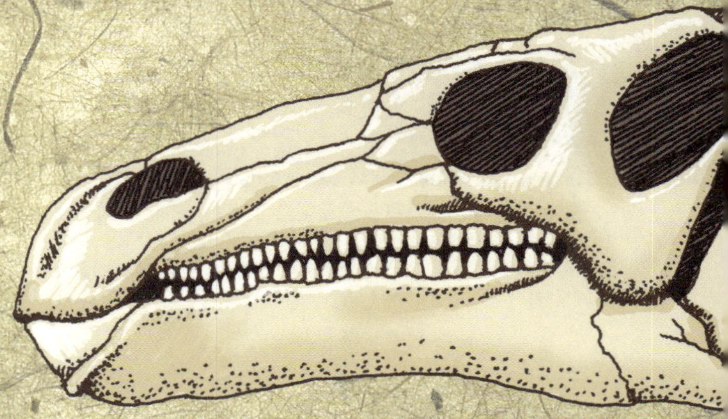

우리나라의 지질 시대별 화석

마이크로미터(μm)

국제단위계에 의한 길이의 단위로 1㎛는 1m의 100만 분의 1, 다시 말하면 1㎜의 1,000분의 1을 나타내는 아주 작은 단위를 말합니다. 현미경을 통해서만 볼 수 있는 크기입니다.

선캄브리아대 화석

한반도의 선캄브리아대 지층에서는 적어도 지금까지는 화석이 거의 발견되고 있지 않지만, 북한 함경도의 경계 부분에서 둥글둥글한 무늬를 보여 주는 해조류의 화석인 스트로마톨라이트가 발견되었습니다. 또한, 최근 인천 옹진군 앞바다의 원생대 석회암층에서 남한에서 가장 오래된 화석인 스트로마톨라이트가 발견되었지요. 이 스트로마톨라이트는 2009년 천연기념물로 지정되었습니다. 이 석회암층에서 박테리아 화석을 추출했는데, 약 10㎛ 정도 크기의 필라멘트 화석으로, 코일 모양으로 휘어 있는 특징이 있습니다. 이 박테리아 화석의 연구로 인해 선캄브리아대 생물의 세계를 한국에서도 밝힐 수 있게 될 거예요.

인천 옹진군에서 발견된 스트로마톨라이트로 인해 한국에서도 선캄브리아대 생물 연구가 활발해지게 되었다. 지질 박물관에 전시되어 있는 스트로마톨라이트(한국교원대학교 김정률 교수 제공).

고생대 화석

우리나라 고생대 지층은 강원도 태백, 영월, 정선, 평창, 문경, 단양 등에 넓게 분포되어 있습니다. 삼엽충, 두족류, 필석류 등의 대형 화석은 강원도 태백과 영월 지역에서 잘 알려져 있고, 방추충은 석탄기 지층의 표준화석으로 태백의 만항층·금천층, 영월의 밤치층, 단양의 만항층·금천층에서 많이 발견됩니다. 특히 강원도 태백이나 영월은 보존 상태가 양호한 무척추동물 화석이 많이 발견되어 전 세계 학계에서는 유명하답니다.

중생대 화석

우리나라 중생대 지층은 영남 지역을 중심으로 가장 넓게 잘 발달된 경상 분지, 충남 탄전을 중심으로 발달된 남포 분지, 전남 해남의 황산 분지, 전북의 진안 분지, 충북의 영동 분지에 발달되어 있습니다.

이에 비해서 화석은 대부분이 경남 남해안 일대에서 많이 발견되는데 이매패류와 복족류 화석, 어류 화석, 곤충 화석이 발견되고 있습니다. 또, 각종 식물 화석도 다양하게 발견되고, 특히 공룡 화석이 발견되는 것으로 경상 분지가 유명합니다. 그 외 초식 공룡 또는 육식 공룡에 관한 부분 화석(골격, 이빨, 발톱, 배설물, 알 껍데기)이 거의 이 지역에서 발견되고 있어요.

방추충

푸줄리나라고도 한다. 고생대 후기인 석탄기와 페름기에 번성한 유공충의 무리로서 따뜻하고 얕은 바다에서 살았으며 크기는 0.5㎜~3㎝정도다. 진화가 빠르고 개체수도 많고 분포도 넓어서 세계 각지에서 연구되고 있다.

이매패류

좌우대칭의 두 개의 껍데기를 가지고 있다. 머리 부분이 없기 때문에 눈·촉각·치설도 없다. 조개, 굴, 홍합, 가리비 등 조개류의 생물 3만여 종이 여기에 속한다.

복족류

유두류라고도 한다. 몸은 발달한 머리와 넓고 편평한 발이 있으며 비대칭형이고 대부분 나사 모양으로 된 껍데기를 가지고 있다. 소라나 전복처럼 물에서 사는 생물뿐 아니라 달팽이처럼 뭍에서 사는 생물도 있다.

우리나라의 지층의 모습을 보여주는 모형도(국립과천과학관 제공).

신생대 화석

한반도 남부의 신생대층은 동해안을 따라 분포되어 있습니다. 포항 일대의 신생대 제3기의 암석은 대개 회색 내지 유백색을 띠며, 딱딱하게 굳지 않은 퇴적물이기 때문에 무르고 잘 쪼개지는데, 현지 주민들은 떡돌이라고 부르기도 합니다. 경주 물천리는 각종 연체동물(조개 화석, 복족류 화석, 굴 화석) 군집 화석으로 유명합니다. 또 신생대 제3기 말에서 제4기 초에 이르는 지층으로 유일하게 알려진 제주도 서귀포층은 각종 바다 동물 화석이 발견되어 천연기념물로 지정되어 있습니다.

우리나라의 공룡 화석

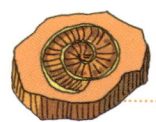

우리나라는 백악기에 공룡이 가장 번성했던 곳입니다.

그래서 백악기 초기 지층에서 많은 공룡 화석이 발견되고 있답니다. 우리나라 공룡으로 세계적으로 널리 알려진 울트라사우루스와 데이노니쿠스, 이구아노돈 등이 있습니다. 우리나라에서 발견되는 공룡 화석의 대부분은 공룡 알껍데기, 이빨, 배설물, 발자국 등 흔적 화석입니다. 한반도가 백악기 공룡의 낙원이었으나 공룡의 완전한 골격 화석이 나오지 않는 것은

구미고속도로 공사 현장에서 발견된 공룡의 발자국 화석 모형(국립과천과학관 제공).

산사태나 홍수 등의 지각 변동에 의해 공룡이 땅에 묻힐 기회가 없었기 때문으로 추정됩니다. 또, 다른 나라보다 산이 많아서 공룡 화석 발굴에 어려움이 있기 때문이기도 합니다. 그러나 현재 많은 흔적 화석과 부분 골격 화석이 발견되는 것으로 보아 앞으로 완전한 골격 화석이 발견될 가능성도 많습니다.

TIP 요건 몰랐지?

공룡 화석으로 무엇을 알 수 있을까요?

- 뼈 화석: 공룡의 생김새뿐만 아니라 생활 습성을 알 수 있어요.
- 알 화석: 공룡의 번식 방법과 성장 과정에 대한 정보를 알 수 있어요.
- 위석: 음식물의 소화 과정에 대해 알 수 있어요.
- 분화석: 식습성과 당시의 식상에 대한 정보를 알 수 있어요.
- 발자국 화석: 행동 습성과 서식지에 대해 알 수 있어요.

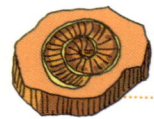

한반도에는 왜 쥐라기 공룡이 없을까요?

중생대 중에서도 쥐라기는 흔히 공룡의 전성시대였습니다. 〈쥬라기 공원〉이라는 영화도 이 때문에 이름이 붙여진 것이지요. 그런데 우리나라에는 왜 쥐라기 공룡이 없을까요?

우리나라에서 지금껏 발견된 공룡 발자국, 뼈, 알, 배설물 등은 모두 백악기 공룡의 것입니다. 우리나라에도 쥐라기 지층이 있기는 하지만 변성이 많이 되었고, 땅속 깊이 있어 공룡이 발견되지 않고 있습니다. 반면 백악기 퇴적암 층은 경상도 지방의 지표면에 넓게 분포하고 있어서 공룡 화석이 많이 나오고 있습니다.

특히 우리나라 공룡 화석은 백악기 중에서도 전기 백악기의 것만 발견되고 중국은 쥐라기, 미국은 쥐라기와 백악기 공룡 화석이 발견됩니다.

중생대는 트라이아스기, 쥐라기, 백악기로 나눌 수 있는데, 중생대에 기후가 건조해지면서 쥐라기 공룡들은 쥐라기의 종말과 함께 사라져 버리고, 백악기에는 새로운 공룡들이 출현하게 되었습니다. 그 공룡들이 우리나라에 많이 살게 되면서 우리나라에서는 백악기 공룡 화석만 발견되는 것입니다.

변성

성질에 변화를 일으키는 현상을 변성이라고 합니다. 지층이나 화석에 변성이 생기면 연대를 추측하거나 화석에 대한 연구가 힘들어 어려움을 겪기도 합니다.

TIP 요건 몰랐지?

공룡 화석은 어떻게 지금까지 남아 있을까요?

많은 사람들은 '어떻게 이런 바위에 공룡이 발자국을 남기게 되었을까?' 하고 신기하게 여길 때가 많습니다. 사실 공룡이 살던 시대에는 바위가 아니라 주로 호수나 바다의 가장자리였어요. 그래서 공룡의 발자국도 남을 수 있었던 것입니다.

공룡은 전 지구에 살았지만 특정 지역에만 흔적 화석이 남는 것은 앞에서도 이야기했지만 화석으로 보존될 수 있는 조건들이 있기 때문입니다.

공룡의 골격이 남기 위해서는 공룡의 골격이 부드럽고 두꺼운 퇴적층에 보존되어야 하며, 발자국이 남기 위해서는 발자국을 남기기 위한 부드럽고 단단한 퇴적층을 지나가야 합니다. 이렇게 남겨진 흔적들은 다른 동물이나 환경 변화로부터 보호되기 위해 빨리 다른 퇴적층이 그 위를 덮어야 합니다. 그다음에 바위로 변하여 오늘날 우리가 발견되어진 화석을 볼 수 있는 거예요.

우리나라의 경우는 각지에서 소규모의 뼈 화석이 발견되었고 해남, 화순, 고성군 등에서 발자국 화석이, 보성군에서 알 화석 등이 발견되어 과거 많은 공룡들이 이 지역에 분포했다는 것을 알 수 있습니다.

Q&A 꼭 알고 넘어가자!

문제 1 우리나라에서 가장 오래된 화석은 어떤 것이며 어느 시대의 화석인가요?

문제 2 우리나라에서 발견되는 공룡의 화석은 어떤 것들이 있을까요?

3. 우리나라는 백악기에 공룡이 가장 번성했던 곳입니다. 그래서 백악기 초기 지층에서 많은 공룡 화석이 발견되고 있답니다. 우리나라에도 쥐라기 지층이 있기는 하지만 변성이 많이 되었고, 공룡 화석이 땅속 깊이 있어 발견되지 않고 있습니다.

문제 3 쥐라기가 공룡들이 가장 번성하던 시기라고 하는데 우리나라에서는 왜 쥐라기의 공룡 화석은 발견되지 않을까요?

정답

1. 우리나라에서 발견된 가장 오래된 화석은 남한이 아니라 북한의 함경도 경계 부근에서 발견된 해조류의 화석인 스트로마톨라이트입니다. 인천의 옹진군 앞바다에서도 스트로마톨라이트가 발견되었는데 이 화석은 원생대 석회암층에서 발견된 것으로 남한에서 가장 오래된 화석입니다.

2. 우리나라에서 발견된 공룡 화석으로 세계적으로 널리 알려진 울트라사우루스와 데이노니쿠스, 이구아노돈 등이 있습니다. 우리나라에서 발견되는 공룡 화석의 대부분은 공룡 알껍데기, 이빨, 배설물, 발자국 등 흔적 화석이에요. 공룡의 골격 화석이 나오지 않는 것은 산사태나 홍수 등의 지각 변동이 적어 공룡이 땅에 묻힐 기회가 없었기 때문입니다.